なぜハーバードは虎屋に学ぶのか

ハーバード白熱教室の中の日本

佐藤智恵
作家・コンサルタント

842
中公新書ラクレ

はじめに

２０２４年は、ハーバード大学経営大学院の教員や学生が続々と来日した1年でした。1月に教員と学生、あわせて約50人が日本にやってきたのを皮切りに、５月には学生約１２０人、６月には教員約30人が研修旅行で日本を訪れました。教員の研修が日本で実施されたのは何と10年ぶりのことです。

来日した人数だけでも十分多いと感じますが、さらに驚くのは参加希望者数です。５月の研修旅行の希望者は約３６０人、６月の教員研修の希望者は約70人。これは全学生（1学年）の40％、全教員の20％以上にもあたります。

２０２４年の日本ツアーに参加した人たちからの評判は上々で、２０２５年にも多くの教員・学生の来日が予定されています。

それにしても、なぜ、いま日本はこれほど研修旅行先として人気があるのでしょうか。教員研修旅行の幹事をつとめたカール・ケスター名誉教授（W. Carl Kester）は、日本が人気を集めている理由は主に3つあると言います。

1つめは、ここ数年の日本経済の復活ぶりを見て、多くの教員が研究対象として日本に興味を持ちはじめていること。

2つめは、アジアの大国、中国の企業を研究するのが難しくなってきていること。かつては「中国で研修したい」という教員もいましたが、現在は、中国の企業を現地でリサーチすることそのものが困難になってきており、その分、アジアのもう1つの重要国である日本への関心が高まっているのかもしれないと言います。

そして3つめが、何と言っても「ドル高円安」。現在の魅力的な為替レートが日本人気を押し上げているのは間違いないようです。

一方、学生たちはなぜかくも日本に行きたがるのでしょうか。

その理由を聞いてみると、「アニメーション、ゲームを通じて日本に興味を持ったから」「日本食が大好きだから」「友人が日本は最高だと勧めてくれたから」「日本の歴史に興味があるから」など、人それぞれ、違った動機がありました。

こうした日本研修の人気ぶりを見て、あらためてハーバードの授業や研修をもとに「ハーバードの教員や学生は日本から何を学んでいるのか」を解き明かしていきたいと思い、執筆したのが本書です。

ハーバード大学経営大学院は1908年、アメリカ・マサチューセッツ州で創立された世界最高峰の経営大学院です。卒業生には、ジョージ・W・ブッシュ米元大統領、米ブルームバーグ創業者のマイケル・ブルームバーグ氏など、世界の政財界のトップが数多くいます。また日本人卒業生には、ディー・エヌ・エー創業者の南場智子氏、楽天グループ創業者の三木谷浩史氏など、多くの有名起業家がいます。

MBAプログラムの1学年の学生数はおよそ900人。そのうち日本人学生は、10名程度です。

ハーバードにはMBAプログラムのほかに、役員・管理職向けのエグゼクティブプログラムがあります。エグゼクティブプログラムでは期間も内容も多種多様な講座が提供されていて、その受講者数は年間約1万2000人にのぼります。近年は日本企業からの派遣者も急増しているそうです。

では2025年3月現在、どのような日本企業の事例が教えられているのでしょうか。MBAプログラムの必修科目で取り上げられているのは、紅花（ベニハナ）、JR東日本テクノハートTESSEI（テッセイ）、トヨタ自動車、楽天、ディー・エヌ・エーの5社です。これに加えて、日本経済全般について学ぶ授業があります。

選択科目では、三菱グループの創業者、岩崎弥太郎や江戸時代の堂島米市場から、最新のスタートアップ企業まで、多種多様な事例が教えられています。

これらを教えている教員たちによれば、日本企業の事例はユニークなので、学生たちに強い印象を残すのだそうです。そのため、多くの教員たちが、機会があれば、日本企業を取り上げた教材を書いて、授業で教えたいと考えているようです。

IKIGAI、SHOGUN、HIROSHIMA、KAIZEN……。これらはいずれもハーバードの学生たちが授業や研修で学んでいるキーワードです。イキガイ（社員の生きがい、働きがいを重視した経営）、ショーグン（徳川将軍のリーダーシップ）、ヒロシマ（原爆投下の是非）、カイゼン（トヨタ生産方式）は、同校で長年、教えられてきたテーマですが、近年の日本ブームを受け、再注目を浴びている印象を受けます。

ではなぜ、授業や教材で日本語の単語がそのままキーワードとして使われているのでしょうか。それはおそらくRAMEN、SUSHIなどと同様、「英語では一言で説明できない日本独自のモノ・コンセプト」だからでしょう。逆に言えば、こうした言葉の中に、「日本が世界に教えられること」が凝縮されているのかもしれません。

本書は最新の取材内容をまとめたものですが、ハーバードで最初に取材をはじめた10年前と変わったと感じた点が2つあります。

1つは、若手教員が新しい視点で日本企業を研究し始めていること。かつて日本企業の研究者といえば、日本経済の黄金期に研究をはじめたベテラン教員が多かったのですが、現在は「マーケットデザイン」「ファミリーオフィス」など、最先端の学問を研究する若手教員が、続々と日本企業を取り上げた教材を執筆しています。これはとても面白い現象です。

もう1つは、意外な企業が意外な視点から、研究対象として注目されていたことです。取材中はそのギャップに驚かされることばかりでした。

「なぜ、「とらやのようかん」で有名な虎屋の事例が、ハーバードで教えられているのだろう?」

「岐阜県の中小企業の事例が、なぜハーバードで注目されているのだろう」

「日本の「お見合い」「婚活」企業の事例から何を学ぶんだろう」

「日本の起業環境は後れをとっているといわれているのに、なぜ日本のスタートアップ企業を研究するのだろう」

「どうしてオムロン本社ではなく、オムロンの子会社を視察するのだろう」

「近年、業績不振で苦しんでいる日産が、称賛されている理由は何だろう」


本書は、読み進めるうちに、右記の疑問がどんどん解き明かされる構成になっています。序章ではまず学生主催の研修旅行「ジャパントレック」の様子を伝えるとともに、学生たちがなぜこれほど日本に夢中になるのか、その理由を分析し、思いもしなかった日本の魅力をお伝えします。

第1章から第6章では、MBAプログラムの授業と教員研修の内容を中心に伝え、日本の強みや課題を浮き彫りにしていきます。

ハーバードでは、「グローバルリーダーをめざす人にとって最も大切なのは、自国を知り、自社を知り、自分を知ることだ」と教えていますが、本書が読者の皆様にとって、日本、日本企業、日本人をよりよく知るきっかけになればうれしいです。

これだけ多くの外国人が来日していれば、ビジネスの場でも、プライベートの場でも、外国人の方々に日本について説明する機会が増えているのではないでしょうか。そんなときに、さりげなく役立つ一冊になれば幸いです。

目次

本文DTP/市川真樹子

＊本書に登場する学生、卒業生のコメントは、個人の意見を反映したものであり、ハーバード大学及びハーバード大学経営大学院の見解を示すものではありません。
＊故人の敬称は略させていただきました。
＊すべてのインタビューと日本語訳は著者（佐藤智恵）によるものです。
＊ケース及び科目名の原題は英語ですが、本文では日本語に訳して表記しています。
＊本書における「ハーバード」とはハーバード大学経営大学院を意味します。
＊インターネット上の参考文献、引用文献の閲覧日は2025年3月1日です。
＊教員の肩書は2025年3月1日時点のものです。
＊為替レートは、1ドル＝150円で計算しています。
＊本書はダイヤモンド・オンライン「ハーバードの知性に学ぶ『日本論』」（2022年2月〜2025年3月）、日刊工業新聞「ハーバードが見る日本経営」（2022年2月〜2025年3月）に掲載された記事の内容を再構成し、新たなインタビュー等を加筆したものです。

なぜハーバードは虎屋に学ぶのか

ハーバード白熱教室の中の日本

序 章

ハーバードで
いちばん人気の日本ツアー

「帰国したら二度と食べられない」日本の野菜に感動

「ジャパントレック」は、ハーバード大学経営大学院の名物ともいえる研修旅行だ。実施されるのは毎年5月。1年目の必修授業が終わった直後に実施される。期間は9日間で、東京、京都、広島などを回るのが恒例になっている。

そもそも約10年前、「ハーバードの学生や教員は日本から何を学んでいるのか」というテーマで取材をはじめたきっかけは、このジャパントレックの人気ぶりを日本人学生から聞いたことだった。

当時、日本経済は「失われた30年」の真っ只中。株価も1万円台だった。そんな中、「早いもの勝ちなので、応募サイトがオープンする5分前にパソコンの前にスタンバイした」「日本への研修旅行はいちばん人気だから、とにかく早く申し込まないといけない」といった話を学生たちから聞き、「なぜこんなに日本への旅行が人気を集めているのだろうか」とびっくりしてしまったのだ。それ以来、事あるごとにジャパントレックの参加者たちを取材してきた。

ジャパントレックの感想を学生たちにインタビューする際には毎回、「何が最も印象に残っているか」と質問することにしている。実は、この質問に対しては、「日本人の規律正しさ」「京都で体験した伝統文化」など、優等生らしい答えが返ってくることが多い。ところが「何が美味しかったか」と聞くと、皆、目を輝かせて次から次へと話し出す。日本で撮影した写真を見せてもらうと、その多くが食べ物の写真だ。それほど、日本の食べ物は学生たちの心をとらえてはなさない。

現在では、ハーバードのあるボストン近郊にも「らーめん山頭火」「くら寿司」などの支店があり、本格的な和食を食べることができるが、日本とほぼ同じ味を提供していて、日本人が食べても美味しいと感じるような店はどこも高価だ。ラーメンもうどんも1杯、最低、3000円は見ておいたほうがよい。枝豆などのおつまみやトッピングなどを追加すると、あっという間に1万円ぐらいになってしまう。

ハーバードの学生食堂にも、すしカウンターがあるが、いわゆるアメリカ系のすしであり、日本で食べるすしとは別物だと思ったほうがよい。

こうした環境で暮らしている学生たちが「日本の食べ物はびっくりするほど安くて美味しい」と感じるのは無理もない。

2024年5月のジャパントレックに参加したアメリカ人学生のコートニー・モンゴメリー氏（Courtney Montgomery, Class of 2025）が、日本でハマったのが何と「ししとう」だ（実際にモンゴメリー氏が食べたのは「ししとう」と「万願寺とうがらし」）。「ししとうは、何年か前にアメリカで食べて以来、気に入っている野菜なのですが、日本のししとうはアメリカのものよりも圧倒的においしかったです。風味も辛味も最高！　この機を逃してはならないとばかりに、滞在中、とにかくたくさん食べました」と言う。

メニューの写真の中にししとうを見つけると、必ず注文。ししとう串、ししとう焼、ししとうの天ぷら……ありとあらゆるししとう料理を食べた。「アメリカに帰ったら、こんなおいしいししとうは二度と食べられないと思うと、ついつい夢中になって食べてしまいました」と話す。

同じくアメリカ人学生のスワプニル・ラッド氏（Swapnil Lad, Class of 2025）が特に気に入ったのが、広島の厳島神社の近くの和食店で食べた「かきフライ」と「穴子飯」。「旅行中、各地の名物料理をたくさん食べましたが、その料理の多様性にも驚かされました。特に印象的だったのが、日本の人たちが同じ食材をさまざまな調理法で楽しんでいること。かき料理には、生がきもあれば、かきフライもある。穴子料理には煮穴子もあれば、天ぷらもある。日本には豊かで深い食文化があることを実感しました」とラッド氏は言う。

最も気に入ったスイーツは同じく厳島神社の近くで食べた「もみじ饅頭」。

「日本の観光地では、店先でお菓子を調理しているのを見られるのもいいですね。宮島でもみじ饅頭の店を通りがかったとき、あまりにおいしそうだったので、思わず買ってしまいました」とのことだった。

もみじ饅頭とベニハナの共通点

学生たちがこの「店頭での調理風景を見せる」手法に反応するのには理由がある。

1年目の「テクノロジーとオペレーションマネジメント」という必修授業の初回に『ベニハナ・オブ・トウキョウ』[*1]というケース（企業事例について書かれた教材＝第1章で詳述）をもとに和食チェーン「ベニハナ」の事例を習うからである。

ベニハナは全米で鉄板焼やすし等を提供する一大レストランチェーン。東京・日本橋の老舗飲食店の「紅花」が1960年代にアメリカに進出したのがはじまりだ。客の目の前でシェフがリズミカルな動きをしながら鉄板の上で肉を焼くパフォーマンスが人気となり、大成功を収めた。その立役者となったのが創業家出身の起業家、ロッキー青木氏である。

アメリカでベニハナは、調理している様子をパフォーマンスとして顧客に見せることを売りにしたレストランの先駆けと言われている。日本では、すし店でも、てんぷら店でも、当たり前のように調理している様子を見せるが、昔の欧米のレストランでは空間が切り離されているのが一般的だったという。そんな中、日本流の「見せる」方式がアメリカで大ヒットしたというわけだ。もみじ饅頭を店先で調理しているのも一種のパフォーマンス。合理的な戦略に見えたのだろう。

このベニハナの事例は、ハーバードで50年以上にもわたって教えられているという。

それにしてもなぜハーバードの教員はこれほど長くベニハナについて教え続けているのか。その理由は学生にとって身近な題材であることに加え、飲食業界で長く生存していくための秘訣《ひけつ》がつまっていることにある。まずベニハナはアメリカ進出当時、数ある日本食の中でも「鉄板焼」を選んだことによって、料理人等の人件費をおさえることに成功。さらに調理過程をショーとして見せることで、客の食事時間を1時間に短縮。高い回転率を実現した。

ここ数年、日本でも「焼肉ライク」「焼肉きんぐ」などが新規出店を加速させているが、これらのチェーンが好調なのも基本的にはベニハナの成功要因と同じ。また高級ホテルの中によく鉄板焼の店が入っているのも同じ論理。「低コスト、高回転率」はいつの時代においても、どの国においても普遍の成功法則なのだ。

ベニハナの事例を学んだ学生たちにとって、ラーメン店や回転ずし店などで、日本の飲食店のオペレーションを直に見るのも、研修旅行の学びの1つとなっているのだ。

渋谷の歩行者デッキに目を見張る

「生まれて初めて日本に来た」という学生に、「日本に来て最初に驚いたこと」を聞くと、「ハイテク製品であふれていたこと」をあげる。日本＝イノベーション大国であった時代は今や昔。現代の学生にとって、日本はどちらかといえば文化大国。アニメーションやゲームで見た風景のイメージを持って来日すると、先進的な機器がたくさんあってびっくりするようなのだ。

空港に到着して、最初に目につくのが自動販売機。次に高機能トイレ。街で食事をして初めて体験するのが、ハイテク券売機だ。これらはいずれもアメリカでは珍しいものだ。

2022年のジャパントレックに参加したアメリカ人学生のジョナサン・フランコ氏(Jonathan Franco, Class of 2023)は「日本滞在中はたくさんラーメンを食べましたが、どのラーメン店にも、自動券売機があるのには驚きました。日本の自動券売機は画期的な発明だと思います! もしあのハイテク自動券売機がなければ、私のように日本語が話せない旅行者は食べたいものを説明するのに一苦労だったでしょう」と話す。

それから、意外にも、フランコ氏が「生まれて初めて見て感心した」というのが、日本の駅周辺でよく見る歩行者デッキだ。フランコ氏は言う。

「渋谷では再開発地域を見学しましたが、駅の周りに歩行者デッキがたくさん建設されていたのが印象的でした。歩行者デッキは、駅周辺の車や人の流れをスムーズにし、かつ、歩行者の安全を確保できる画期的な取り組みだと思いました」

国土の広いアメリカでは、狭い土地を有効に使うための建造物はあまり見られない。歩行者デッキだけではなく、立体駐車場なども、目新しく感じられるようだ。

経済停滞国だと教えられていたのにハイテクだった

学生たちが「日本が思ったよりも革新的だ」と感じるのは、1年目の必修授業で学ぶ日本企業の事例の影響が大きい。その多くが伝統的な日本企業の事例で内容も普遍的。ハイテクな印象は受けない。

さらに、「日本」という国のイメージに大きな影響を与えているのは、マクロ経済と各国の経済政策を学ぶ必修授業だ。

授業で使用されているケースのタイトルは『日本は日の沈む国か』[*2]。日本の強みについても少し触れているものの、全体的には日本が「課題満載の国」であることが強調された内容だ。

かつてこの授業では、『日本：奇跡の年月』[*3]というケースが使用されていた。日本の高度経済成長から学ぶことに主眼が置かれており、当時の日本人学生たちは、皆、この授業を受けて、「日本という国に対して誇りを感じた」と語ってくれたものだった。

ところが、2021年に『日本は日の沈む国か』という教材が出版され、授業の内容もがらりと変わってしまった。

ただし、唯一の救いは、この授業を受けて、逆に、「本当にこんなに課題満載の国なのかな」と疑問を持ち、「自分の目で確かめてみよう」と研修旅行に参加してくれる学生たちがいることだ。

2022年のジャパントレックに参加したアメリカ人学生のエイミー・エジントン氏（Amy Eginton, Class of 2023）は、子どものころ、父親や祖父母から「日本は素晴らしい国だ」と聞かされていたため、ずっと日本に行きたいと思っていたという。会社の国際ビジネス部門に所属していた父親は出張で何度も訪日したことがあり、空軍パイロットだった祖父と米軍基地スタッフだった祖母は沖縄県に3年ほど住んでいたことがあった。

ハーバードの授業で日本や日本企業の事例を学んだこともまた、日本へ行きたいという思いを強めるきっかけとなった。中でも記憶に残ったのが「日本は日の沈む国なのか」というテーマで、日本の経済成長について議論した前述の必修授業だ。

というのも、この授業で使った教材に書かれていた日本は、「父親が語ってくれた日本の姿」とは違っていたからだ。エジントン氏は言う。

「父は日本には面白いテクノロジーやビジネスがたくさんあるよ、と教えてくれたけれども、経済が停滞している国だ、なんて言っていなかった。どっちが本当の日本の姿なのだろうか――。自分の目で確かめてみたいと強く思いました」

そんなわけで、多くのジャパントレックの参加者は、1年目の授業で学んだ後、日本に来てみると、「経済停滞国だと聞いていたのに、ハイテクじゃないか」とびっくりするのだ。

前出のジョナサン・フランコ氏は話す。

「総じて、日本からは、効率性とサステナビリティを重視したイノベーションが数多く生まれているように感じました。統計上は「停滞」しているように見えるのかもしれませんが、私がこの目で見た日本は、確実に優れたイノベーションを創出し続けている国でした」

ゲームセンターでいちばん人気はクレーンゲーム

ハーバード大学経営大学院には、アマゾン・ドット・コム、マイクロソフトなど巨大IT企業の出身者や、最先端の技術を開発するスタートアップ企業の出身者など、ITリテラシーが圧倒的に高い人が多い。

ただでさえ、IT能力が高いのに、大学院側はデジタル教育にさらに注力。2023年度には、他校に先駆けて「経営者のためのデータサイエンス」(現・「リーダーのためのデータサイエンスとAI」)という科目を必修に組み込んだ。

こうした背景を知っていたため、2024年のジャパントレックの旅程を見たときに、「おそらく「チームラボ」のミュージアムやテーマパークなど、最先端のスポットにいちばん興味があるだろうな」と考えていた。

ところが、意外にも、多くの学生は、アナログなゲームやアクティビティに夢中になっていたのである。

ゲームセンターに置いてあるゲームの中で最も評判がよかったのは「クレーンゲー

ム」。クレーンを操作して、ぬいぐるみなどの景品をつかみとる、あのアナログなゲームだ。そもそもアメリカではオンラインゲームが主流で、「クレーンゲーム」のようなゲームは身近にないそうだ。

駅のスタンプ集めに夢中になる

前出のスワプニル・ラッド氏が楽しみにしていたのは、駅や観光地のスタンプ集め。来日前、インスタグラムなどで日本の主要な駅や観光地には、それぞれ独自のスタンプが置いてあると知り、「日本に行ったら必ず集めよう」と思っていたのだそうだ。

スタンプ集めには、日本のスタンプ帳が欠かせない。そこで日本に来て真っ先に向かったのは「無印良品　銀座」。日本の紙のノートやアナログなスタンプは「たまらなく魅力的なものだった」という。

ちなみにラッド氏は、アップル、アマゾン・ドット・コムを経て、ハーバードに入学したＩＴの専門家。デジタルネイティブ世代にとって、アナログな世界はかえって斬新

奈良県観光インフォメーションセンターで見つけた鹿のスタンプ（左下）。スタンプ帳には日本語や絵も書き添えた。写真提供／スワプニル・ラッド

に感じられるようだ。

その後は、常にスタンプ帳を持ち歩き、新しい駅や観光地に行くたびにスタンプ探し。夢中で集めた結果、帰国する時にはスタンプでノートがいっぱいになった。特にお気に入りは、奈良市内で見つけた鹿のスタンプと京都のＪＲ稲荷駅のスタンプ。いずれもユニークな絵柄が気に入ったという。

なぜこんなにアナログなスタンプ集めにはまったのか。聞けば、アメリカにもリアルな街を舞台にした「スカベンジャーハント」（主催者から指定されたものをお金をかけずにできる限り多く集めて、時間や得点を競い合うゲーム）というゲームがあるのだそうで、スタンプ集めをしていると、まさに同じような感覚と達成感が味わえたのだという。

「日本人のクリエイティビティはアニメを通じて知っていましたが、このスタンプ集め

のアイデアは本当にすばらしいと思いました。次に日本に来るときはまた新しいノートを買って、スタンプ集めをしたいと思います」と意気揚々と語るのであった。

ヒロシマでの体験が忘れられない

ジャパントレックで訪問する都市は、学生たちからの希望によって、毎年、少しずつ変わるが、日本人学生たちの強い思いから必ず訪問することにしているのが広島だ。

２０２４年のジャパントレックでは、東京、京都、広島を回ったが（大阪と奈良はオプショナルツアー）、学生たちに最も衝撃を与えたのはやはり広島への訪問だった。

幹事を務めた日本人学生の坂本香太氏（Kyota Sakamoto, Class of 2025）によれば、旅行後のアンケートで「もう少し時間を割いて見学したかった」という意見が多かったのも、広島の平和記念公園への訪問だったそうだ。

アメリカの高校や大学では、歴史の授業で広島・長崎への原爆投下について、事実のみが淡々と教えられていることが多いという。あるアメリカ人学生は、「私が通っていた高校では「トルーマン大統領（当時）が原爆を投下する決断をしたのは、そのほうが戦争を早く終結させることができて、結果的に多くの人々の命が救われるからだ。その一方で、原爆投下によって多くの市民が亡くなり、のちに被爆者の方々は原爆症に苦しむことになった」と教えていたと記憶しています」と話す。

ところが、ジャパントレックで実際に広島平和記念資料館での展示や原爆ドームを見ると、あまりの惨劇に声を失ってしまう学生も多い。

前出のジョナサン・フランコ氏もその一人。

フランコ氏は、広島平和記念資料館で被爆者の遺品や被爆の惨状を示す写真を見学。さらに被爆者の語り部の女性から直接、被爆体験を聞くことができた。

講話を聞いているうちに、自分の中に被爆者の方々に対する畏敬の念が湧き上がってくるのを感じたのだそうだ。そして「なぜこのような悲劇が起こってしまったのだろうか」と深く考えさせられたのだという。

「今回の旅行で広島ほど衝撃を受けた場所はありません。広島・長崎への原爆投下については学校の授業等で学んではいたものの、実際に被爆地を訪問しなければ知りえなかったことがたくさんありました」と話す。

アメリカ人学生のプレストン・スミス氏（Preston Smith, Class of 2025）も「広島平和記念公園への訪問が最も記憶に残っています。被爆した当時の姿のまま建ち続ける原爆ドーム、広島原爆死没者追悼平和祈念館で見た写真が忘れられません」と話す。

スミス氏は広島訪問後、世界に対する見方が変わったという。

「帰国後、世界の核開発の歴史について興味を持ち、冷戦についてのドキュメンタリーを見ました。広島を訪問したことで、核兵器が人類に与える影響や世界平和の重要性についてより深く理解できるようになったと感じています」

最も記憶に残るのは親切な日本人

日本に来た学生たちに「日本で記憶に残ったエピソード」を聞くと、必ずといってよいほど、日本人から親切にされた経験を披露してくれる。たとえば、次のような話だ。

それは日本に到着して2日目の夜のことです。東京・後楽園の「スパ　ラクーア」に行ったあと、友人2人とともに近くで遅い夕食をとり、深夜に品川駅近くのホテルまで帰ろうとしました。ところが、近くの駅から電車を乗り継いで品川駅に向かったものの、気が付いたら終点のJR蒲田駅に。いったい、ここはどこなんだろう……。不安になって、近くにいた30代ぐらいの男性に英語で「私たちはこのホテルに行きたいのですが、どの電車に乗ればいいですか?」と聞くと、彼は翻訳アプリを使って、「この電車は折り返し運転で品川へ行くので、そのまま乗っていれば大丈夫です。あと10分で出発します」と教えてくれました。

その後、彼はいったん電車を降りたのですが、数分後、走って私たちの電車のほうに戻ってきました。そして「この電車よりもあっちの電車のほうが早く出発しますよ」と伝えてくれたのです。

見知らぬ外国人の私たちのためにわざわざ走って戻ってきてくれて、翻訳アプリを使って少し早い電車があることを教えてくれる。日本の人はなんて親切なんだろうかと感激しました。

話を聞いてみると、日本でよく報道されているような本格的な「おもてなし」ではなく、むしろ、ちょっとした親切が心にしみるようなのだ。
教員が引率する研修旅行では、毎回、最終日に学生全員に「日本での現地実習から学んだこと」というテーマで、1枚の写真を投影しながら2分間ずつ発表してもらうことになっている。研修を担当するラモン・カザダスス＝マサネル教授（Ramon Casadesus-Masanell）によれば、多くの学生が「日本人の優しさと温かさに感動した」と語るのだという。
たとえば次のようなエピソードだ。

ボストンから成田までの14時間のフライトを終え、空港の自動販売機で水を買おうとしたときのことです。日本の自動販売機の使い方がわからず、困り果てていると、そこにたまたま通りがかった人が「何を買いたいの？」と私に話しかけてくれました。「水を買いたいんです」と言うと、その人は何も言わず、自分のお金を使って私のために水を買ってくれたのです。

カザダスス＝マサネル教授は言う。「学生たちの記憶に残っているのは、こうした日本人の方々から受けた小さな親切の数々なのです。現地実習で日本人の思いやりや気遣いの素晴らしさを日本で直接、経験できたことは、学生にとっても幸運なことだったと感じています」

学生たちを感嘆させた日本のタクシー運転手

また日本人の高潔さに感動したという学生たちもいた。

東京でタクシーに乗ったときのこと。運転手がたまたま料金メーターのボタンを最初に押すのを忘れてしまいました。途中で気づいて押したものの、到着時のメーターの表示額は初乗り料金の500円。すると、その運転手は私たちに向かって「500円でいいですよ」と言いました。私たちが「明らかにもっとかかっているはずでしょうから、通常の料金を払いますよ」と申し出ても、運転手は「メーターの表示額が500円なので、500円しか受け取れません」と言って断固として受け取ろうとしませんでした。日本のタクシー運転手の正直さとプロフェッショナリズムには頭の下がる思いです。

なぜ学生たちが、この行為にいたく感動したのかといえば、他の国では観光客に法外な料金をふっかけようとする人がたくさんいるので、旅行する際には常にだまされないように用心しなければならないからだ。ところが、日本ではそのようなことが一切なく、人々を信用して安心して滞在できたことに、ただただ感激してしまったとのことだった。

日本人としての何気ないふるまいが、学生たちの記憶に残っているのが興味深い。

第1章

歴　史

なぜ日本企業の事例は長く重用されるのか

ハーバード大学経営大学院の学生たちは1年目に必修科目、2年目に選択科目を学ぶ。その授業形式は独特だ。いわゆる「ケースメソッド」という教授法で、「ケース」と呼ばれる独自の教材をもとに、授業でひたすら議論する。日本の大学のように一方的に教員が講義をする授業とは全く異なっている。以前、日本でも「白熱教室」という言葉が流行ったが、ハーバードの授業はまさに白熱教室そのものだ。多くの科目では、クラスでの発言点が成績の半分を占めるため、学生たちは必死で発言することとなる。

ケースとは、ある特定の国や企業の事例が、平均15~20ページ程度で簡潔にまとめてある教材のこと。主に教員が執筆するが、学生が共著者として執筆することもある。ケースの主人公は国の大統領や会社のCEO、役員等、様々だが、いずれも主人公が重要な決断をする前の状況が説明されていることが多い。この人は今、こんな課題を抱えています（問題）、そこに至る過程はこうです（歴史）、今の状況はこうです（財務、組織）、等、主人公をとりまく現状が詳しく説明されている。

ハーバードの学生は年間約250本、卒業までの2年間で、約500本のケースを学ぶと言われている。

授業では様々なケースを題材に、「あなたがこの企業の経営者だったら」「あなたがこの国のトップだったらどうするか」といったことを議論していく。

ハーバードでは、授業で取り上げる企業の事例は、学生たちの評価を重視して決められる。あまり評判が良くない低評価のケースはあっという間に淘汰されてしまう。ハーバードの教員にインタビューすると、「その企業の事例を取り上げたケースはまだ現役だよ」といった発言をよく聞くが、それほどケースが「生き残る」のは難しいのだ。

そんな中、日本企業の事例は、いずれも長く使用されていることで有名だ。

新幹線清掃の専門会社、JR東日本テクノハートTESSEIの事例や楽天の英語公用語化を取り上げた教材は、すでに10年は使われているし、トヨタ自動車のトヨタ生産方式を学ぶ教材はおよそ30年、前述の和食レストランチェーン「ベニハナ」の店舗オペレーションを学ぶ教材は何と50年以上、使われている。ハーバードで初めてケースが出版されたのは1921年。以来、あらゆる業種の企業事例が教材化されてきたが、ベニハナの事例は現役のケースの中でおそらく最も古いと言われている。これだけ長く生き残っているのは、それだけ、学生たちから世代を超えて支持されてきた証ともいえる（以降、「ケース」は「教材」と表記）。

ハーバードで日本史が注目を集める理由

選択科目の人気教材といえば、経営史の授業で使用されている『岩崎弥太郎：三菱の創業』[*1]、金融史の授業で使用されている『堂島米市場と先物市場の起源』[*2]の2つが挙げられる。いずれもテーマは日本史。15年以上、継続して使用されていて、学生からの評価が高い教材となっている（これらの事例をとりあげた授業については、拙著『ハーバードでいちばん人気の国・日本』に詳しい）。

さらに本書、第6章でも詳述する「モラルリーダー」の授業で課題図書となっている『ヒロシマ』（ジョン・ハーシー著）も毎回、高評価を得ている。こちらも30年以上、授業で使用されているという。

経営史を専門に研究するジェフリー・ジョーンズ教授（Geoffrey G. Jones）によれば、

昨今、ハーバードの学生の間で、全般的に歴史の授業の人気が高まっているのだという。ジョーンズ教授が教える選択科目「起業家精神とグローバル資本主義」も毎回、受講希望者が殺到している状況だ。

なぜ現代の学生は、歴史を学びたいと思うのか。ジョーンズ教授は言う。

「インターネットの出現、気候変動、中国の経済成長……。私たちはいま、予想もつかないことが次々に起こる時代を生きています。これから何が起こるのか、世界はどこへ向かっているのか、何が善で何が悪なのか、誰もわかりません。こうした中、学生たちがことさら歴史に関心を持つのは、歴史だけが「確実な事実」を示してくれるからでしょう。歴史を学べば、金融危機も世界戦争も一定のパターンで繰り返し起こっていることがわかります。学生たちは言わば、「不確実性の時代」を生きるための指針を歴史の中に求めているのです」

このような歴史への興味は、教員の間にも広まっていて、日本や日本企業を歴史的観点から研究する教員も増えてきている。注目すべきは、影響力のある若い人気教員が、日本の歴史について教えはじめていることだ。その筆頭がローレン・コーエン教授（Lauren H. Cohen）。専門はファミリービジネスやファミリーオフィスだ。

コーエン教授は日本の老舗和菓子メーカー、虎屋に興味を持ち、2022年2月、ハーバードの教材『虎屋』[*3]を出版した。この教材はまたたく間に評判となり、MBAプログラムやエグゼクティブプログラムで定期的に使用されている。室町時代創業の虎屋は、現在、ハーバードで教えられている企業の中で、最も歴史の長い企業だと言われている。

虎屋18代当主の視点から成長戦略を考える

コーエン教授が執筆した『虎屋』の主人公は2020年、35歳で虎屋の18代当主および代表取締役社長に就任した黒川光晴氏。

学生たちは光晴氏の目線から、虎屋の成長戦略を考えていく。

16世紀初頭（室町時代後期）に創業された虎屋は、後陽成天皇（在位1586〜1611）の在位中より、御所の御用を務める日本を代表する老舗和菓子屋だ。教材では、虎屋の500年の歴史をイノベーションや事業承継の観点から、詳細に伝えている。

コーエン教授は、虎屋の500年の歴史の中で、事業を拡大していく上でのターニングポイントが3回あったと分析している。

1つめは、1869年、12代店主、黒川光正（当時31歳）が、東京遷都に伴い、東京にも出店したこと。光正にとって、京都に留まるべきか、御所御用を続けるために、新天地・東京へ移転すべきかは、難しい選択だった。なぜなら、京都で300年以上にもわたってビジネスを続けてきたため、主要な顧客は京都にいるからだ。一方で、虎屋にとって御所御用は大切なつとめ。そこで光正は、京都と東京の二拠点で菓子屋を展開することを決断する。その後、虎屋の菓子は、東京でもまたたく間に人気となった。

2つめは、15代店主、黒川武雄が、大正時代、数多くの重要なイノベーションを創出したこと。御所御用を務めるだけではなく店頭販売を開始したり、配達車を導入したり、広告を打ったり、新しい菓子をつくったり、斬新なアイデアで事業を拡大した。あの「小形羊羹《ようかん》」も武雄の考案だったという。

3つめは、16代店主、黒川光朝が1980年、フランス・パリに店をオープンしたこと。

パリでの開業当初は苦難の連続だった。小豆を煮るにおいに対して苦情が入ったり、暖簾が景観を損なうと指摘されたり、羊羹を「黒い石鹼」だと勘違いされたり……。そこで、パリ店では、フランス人に馴染みのある食材で、フランスの文化や嗜好を尊重した和菓子を製造することを決断。その結果1984年に完成したのが、パリ店初のオリジナル商品「羊羹de巴里」だ。ここから、「夜半の月」「羊羹auショコラ」、フルーツを使った羊羹などのヒット商品が生まれていく。

その後も、店舗数の拡大、商品の多角化、事業の多角化、海外への進出などを推進し、2025年3月現在、虎屋は、社員数850名、売上高約200億円の企業に成長している。

光晴氏にとっての最大のミッションは、「おいしい和菓子を喜んで召し上がって頂く」という経営理念を守りながら、いかに会社を成長させていくか。ところが、顧客の要求も味覚もどんどん変化していく中で、既存の製品をそのまま売り続けているだけでは、成長できない。

これまでの虎屋の17人の店主は、商品の多角化、海外への進出など、様々な挑戦と失敗を繰り返し、虎屋を成長させてきた。では18代当主である光晴氏は、どのような優先順位で、どんな戦略を実施していくべきか。これがハーバードの授業での論点となる。

インタビュー①　ローレン・コーエン教授　Lauren H. Cohen

虎屋――創業500年企業の革新力

『虎屋』を執筆したローレン・コーエン教授はもともとファイナンスの専門家だ。なぜファイナンスの教授が日本の長寿企業、虎屋に興味を持ったのか――そんな素朴な疑問からコーエン教授にインタビューすることにした。

現在、世界経済の動向に大きな影響を与える存在として注目されているのが「ファミリーオフィス」（超富裕層を対象に資産管理や運用サービスを提供する組織）だ。そのファミリーオフィス研究の第一人者であるコーエン教授が研究対象として関心を持ったのが日本の長寿企業だった。

学生たちが虎屋の事例に夢中になる理由、虎屋の長寿要因とイノベーション力、日本の成長戦略への示唆などについて、余すところなく語ってもらった。

（2022年5月24日　インタビュー）

大反響を呼んだ「虎屋」の授業

――コーエン教授は2022年2月、虎屋の事例を取り上げた教材『虎屋』を出版されています。専門はファイナンスですが、なぜ虎屋に興味を持ったのですか。

それは良い質問ですね。確かに、ファイナンスの教授が日本の和菓子メーカーの虎屋に興味を持つというのは不思議に思われますよね。私が最初に虎屋に興味を持ったきっかけは、「ファミリーオフィス」の研究をする中で虎屋に関する記事を見つけたことです。

ファミリーオフィスとは、超富裕層の資産管理や運用を行う専門組織のこと。超富裕層が一族の資産を守り、増やし、そして継承していくことを目的に専属のファンドマネジャー、弁護士、会計士などを雇って自ら設立します。[*4]

私がファミリーオフィスについて研究を続けているのは、世界の金融市場や各国の政府において、ファミリーオフィスの影響力がどんどん強くなっているからです。ファミリーオフィスには莫大な資金力があります。さらにはその設立目的が一族の永続的な繁栄であることから、長期的な視点で投資してくれます。そのため、「フアミリーオフィスに投資してもらいたい」という企業や国が劇的に増えているのです。

ファミリーオフィスの設立者である超富裕層やそこで働いている人たちが今最も知りたいのは、「どうすればファミリービジネスを長く存続させることができるのか」という点です。虎屋についての記事を読んで何よりも驚いたのが、虎屋がおよそ500年も続いているファミリービジネスであること。なぜこれほど長く存続しているのか。その秘訣を知りたいと思い、教材を執筆することにしました。

――虎屋の事例をハーバード大学経営大学院の授業で取り上げられた際、学生からの反響はいかがでしたか。

2022年4月にエグゼクティブ講座「ファミリーオフィス・ウェルスマネジメント」で虎屋の事例を教えましたが、とても好評でした。特に評価が高かったのが、虎屋の18代当主、黒川光晴氏との質疑応答です。光晴氏はオンラインで参加してくれましたが、受講者は皆、光晴氏が「500年企業の18代当主である」という事実にただただ驚嘆し、次から次へと質問していました。この授業には多くのゲストスピーカーを招聘《しょうへい》していますが、光晴氏が受講者の間で最も人気のあるゲストスピーカーの一人であったことは間違いありません。

創業家が守り続ける「一代一人限り」

――日本では20年、光晴氏が35歳の若さで虎屋の18代当主および代表取締役社長に就任したことが話題となりましたが、受講者からの質問の中で特に印象に残っている質問はありますか。

やはり後継者選定に関わる質疑応答が印象深かったです。虎屋には、「社内に親族は一世代につき一人だけ」というルールがあります。つまり、虎屋の仕事に携わることができるのは当主と次の店主だけです。仮に当主に何人か子どもがいても、その中から後継者となる一人を選ばなくてはならないのです。このルールについて、ある受講者が「ご自身の子どもたちには、どのように後継者の決定について伝えるつもりですか」と質問したところ、光晴氏はとても正直に「それはとても難しい決断になると思います」と答えてくれました。その他にも後継者選定については多くの質問が寄せられ、議論が盛り上がりました。

――17代店主の黒川光博氏（光晴氏の父）にもインタビューされたそうですね。

光博氏にも直接インタビューしましたが、私が特に感銘を受けたのは息子の光晴氏を当主として心から信頼していたことです。生涯をかけて築き上げたものを、次世代の後継者に譲る。その結果、自分が選んだ後継者が自分とは異なる決断をして、会社を変えていこうとする。こうした状況を目の当たりにしながら、口を出さないでいるのはとても難しいことです。

私はこれまでさまざまなファミリービジネスを研究する中で、先代が再び経営者に返り咲こうとしたり、敵対的な買収を仕掛けて現経営者を追い出そうとしたりした事例をたくさん見てきました。新しい経営者の就任後、決まってもめ事になるのは、前任者の介入です。それほど、創業家出身の経営者が潔く引退するのは難しいことなのです。

ところが光博氏は、「虎屋の当主としての私の役割は終わりました。今は18代目の時代です。彼が別の方向に会社を導くと決めたのならば、私は支援するのみです」と私に語ってくれました。光博氏が徹底して「一線から退く方針」を貫いていることに感銘を受けました。

——虎屋の事例をMBAプログラムでも教える予定ですか。

もちろんです。2023年の春に選択科目の「ファミリーオフィス・ウェルスマネジメント」で教える予定です。というのも、現在、MBAプログラムの学生の間で、就職先としてのファミリーオフィスの人気が高まっているからです。コールバーグ・クラビス・ロバーツ（KKR）やブラックストーンなどの大手投資会社よりも早く活躍の場が与えられることもあって、就職を希望する学生が増えてきています。

また、ハーバード大学経営大学院の学生の中には創業家一族の後継者や後継者候補もいますから、こうした学生にとってもファミリーオフィスについての専門講座は興味深いものになるでしょう。MBAプログラムの授業でも、虎屋の事例は注目を集めると思います。何しろこの講座で取り上げる企業の中で最も古い企業ですから。

――ＭＢＡプログラムの学生には、虎屋の事例から特に何を学んでほしいですか。

虎屋の事例をもとに、学生にはビジネスの発展におけるファミリーの役割やビジネスを長く存続させる要因について深く学んでほしいと思います。

世界の経営史を振り返ってみても、ほぼ全ての企業はファミリービジネスから始まっています。つまり、創業家一族は世界経済の発展に大きな影響を与えてきたのです。

日本には１００年以上存続している企業が、３万社以上あります。また、創業から２００年以上存続している企業のリストを見ても、その多くが日本にあります。これは驚くべきことです。中でも虎屋はおよそ５００年も続く老舗ですから、ファミリービジネスの本質を学ぶ上でうってつけの企業なのです。

次の授業では、18代当主の黒川光晴氏と17代店主の黒川光博氏をゲストスピーカーとして招聘したいと考えています。授業で絶対に実現したいのが、学生全員に「とらやの羊羹」を試食してもらうこと。実は私自身、いまだ羊羹を試食できていません（笑）。何百年も愛されているお菓子を食べるのは生まれて初めて。一体どんな味がするのか、と興味津々です。「とらやの羊羹」を食べるのを今から楽しみにしています。

ハーバードが分析する虎屋の長寿要因

——虎屋がおよそ500年も存続した要因をどのように分析していますか。

最も重要な要因の1つは、「一代一人限り」というルールを貫いてきたことだと思います。これは、私がこれまで研究した多くの創業200年以上の企業にも共通することです。

どんな時代においても、当主が一族の中から次の後継者を一人だけ選び、若いときから育成していく。このルールが虎屋を長く存続させてきた要因の1つであることは間違いありません。

しかしながら、親にとって「一人だけ選ぶ」というのは苦渋の決断です。私には下は1歳から上は13歳まで（2022年当時）6人の子どもがいますが、たとえばこの6人を前にして、「コーエン家のビジネスの後継者は君に決めた。その他の5人は家業には携われません」と伝えるのはとてもつらいことです。虎屋のケースから学べるのは、1つの企業を何百年も存続させるためには、当主が難しい決断をいくつも下さなくてはならないことです。後継者の選定はまさしくその1つでしょう。

――虎屋は室町時代後期に創業した和菓子メーカーですが、室町時代の日本人と現代の日本人とでは味覚も好みも異なっていると思います。にもかかわらず、虎屋の和菓子が継続して支持されてきた理由は何だと思いますか。

虎屋がいつの時代も失敗を恐れず、イノベーションを創出し続けてきたからだと思います。これもまた重要な長寿要因の1つです。

虎屋の500年の歴史はまさに実験と試行錯誤の連続です。人気商品をたくさん持つ企業なのに現状に安住することなく、常に新しい商品やビジネスを創造し続けようとする姿勢には驚くばかりです。

企業が過去や現在の成功に固執し、新たな消費者のニーズに応えたり新商品を創造したりするのをやめてしまえばどうなるでしょうか。その企業は確実に衰退していきます。新たな競合企業が、時代に合った新しい製品をどんどん世の中に出していくからです。伝統的な企業が時代の流れに取り残され、新興企業に負けてしまうのはよくある話なのです。

こうした中、虎屋は「私たちは創業500年の企業だけれども、未来の顧客にも愛される和菓子屋でありたい」と、さまざまな実験を繰り返しています。

教材では虎屋の伝統的な商品である羊羹、生菓子、干菓子から、「あんペースト」（2003年に誕生した虎屋の別ブランド商品）まで紹介しましたが、現在の商品ラインナップはいわば500年間のイノベーションの結集なのです。

――教材の冒頭、17代店主黒川光博氏の「虎屋の究極の目的は、ビジネスを継続させることではない。お客様においしい和菓子を喜んで召し上がって頂くことだ」という言葉が引用されています。なぜこの言葉を選んだのでしょうか。

その理由は「ビジネスは何のためにあるのか」という根本的な問題を深く考えさせる言葉だったからです。

虎屋がおよそ500年間も存続できたのはあくまでも結果であって、存続そのものを目的にしていたわけではない。これは大切な学びです。

どの企業にも経営理念はありますが、問題はその理念が社員一人一人に深く浸透しているかどうかです。社員が自社の経営理念に共感していれば、より団結し、より迅速に動くことができるでしょう。

虎屋では「おいしい和菓子を喜んで召し上がって頂く」という経営理念の共有が、驚くほどうまくいっていると思います。なぜ長寿企業の多くがファミリービジネスなのかといえば、企業の伝統、価値観、ストーリーを代々伝承していくのにファミリーほど適した組織はないからです。

虎屋の歴史や製品には多くの物語がありますが、結局のところビジネスを長く繁栄させていく上で核となるのはこうした目に見えない価値観やストーリーなのです。

――日本には虎屋と同じような長寿企業が数多くあります。日本は国として、この強みをどのように生かしていくべきですか。

企業の歴史はいわば唯一無二の無形財産です。その価値をお金に換算するのは難しいですが、企業にとって最も価値あるものだといっても過言ではありません。

私が知るアメリカのとある超富裕層ファミリーは、一族の全ての財産を慈善団体に寄付することを決めていました。これが何を意味するかといえば、この一族は金銭を一族の永続的な繁栄のためのレガシーとして捉えていないということなのです。

では、この一族は何を継承していくのか。ストーリーです。子孫たちが目を輝かせて語るのは、「私の曽祖父がこんなことをした、私の祖母がこんなことをした」といったファミリーヒストリーなのです。日本は歴史の長い国です。世界中を見渡しても、これほど多くのストーリーが語り継がれてきた国はありません。国や組織の中に長年にわたって蓄積されてきたストーリーが数多くあるというのは大きな強みです。

残念ながら、日本も日本企業もこの強みをフルに生かしきれていません。日本の課題は、いかにこの唯一無二の無形財産であるストーリーの価値を再認識し、成長のために生かせるかでしょう。そうすれば、国も企業もさらに繁栄していくと思います。

教員研修の視察先の3分の1が長寿企業

２０２４年6月16日から22日、ハーバード大学経営大学院の教員研修が日本で実施された。参加した教員は33人。教員のグローバル研修プログラムが日本で開催されるのは10年ぶりのことだ。

教員一行が滞在中、視察したのは、次の13社と1店舗だ（訪問順[*5]）。

【東京】
- 山本山
- 森ビル
- ディー・エヌ・エー
- キャディ
- 虎屋
- B－Rサーティワンアイスクリーム

・チームラボ
・Mujin
・第一生命ホールディングス

【京都】
・オムロン京都太陽
・増田徳兵衛商店
・DiO《ディオ》
・細尾
・かみ添（店舗）

前回と変わったと感じた点が2つある。

1つは、昨今の日本人気により、参加した教員の数が2倍になったこと。実際の希望者は約70人もいたそうだから、研究対象として日本に興味を持つ教員は確実に増えているといえそうだ。

もう1つは、訪問先企業の中で老舗企業の数が増えたこと。視察企業13社のうちの5社が、創業100年を超える老舗企業だ。山本山（1690年創業）、虎屋（16世紀前半創業）、第一生命ホールディングス（1902年創業）、増田徳兵衛商店（1675年創業）、細尾（1688年創業）が研修先として選ばれた。

山本山は、言わずと知れた東京・日本橋の老舗食品企業。お茶の販売を335年間、海苔の販売を78年間、続けてきた企業だ。

第一生命ホールディングスは、1902年、日本で最初の「相互主義」による保険会社として設立された第一生命保険を起源とする日本有数の保険会社だ。創業者の矢野恒太が提唱した「会員組織で剰余金のほとんどを契約者に還元する相互主義による経営こそが保険会社の理想的なあり方である」という契約者利益を第一にした考え方は、日本の保険業界全体の理念に大きな影響を与えてきた。

増田徳兵衛商店（京都・伏見区）は、350年の歴史をもつ京都の老舗酒蔵。1964年に、日本で初めての「スパークリングにごり酒」を発明した企業として有名だ。

細尾（京都・中京区）は、創業337年の西陣織の老舗織元。世界基準幅の西陣織織機の開発に成功し、西陣織業界に革新を起こした企業として知られる。この機械の開発により、西陣織の用途が広がり、海外展開も加速した。

教員たちがグローバル研修に参加する目的は、研究対象となる企業や研究テーマを見つけるためだ。老舗企業が多いのは、それだけ、教員たちの関心が高いと、教員チームのリーダーが考えたからだろう。また、今回、教員一行が訪れた都市は東京と京都のみ。京都に長い時間が割かれていることからも、日本の老舗企業に強い興味を持っていることがうかがえる。

注目すべきは、これらの老舗企業がその長い歴史の中で、「日本初」「世界初」の製品や制度を生み出すことに成功してきた点だ。

なぜこれほど長く、ビジネスを存続できたのか。なぜ、イノベーションを起こし続けることができたのか。この2点はどの専門分野の教員も知りたい点だ。だからこそ、この5社が選ばれたのであろう。

一気に話題をさらった山本山の発明品

日本での研修で最初に教員たちの話題をさらったのも、やはり老舗企業の山本山だった。

参加者の一人、キャロリン・フー助教授（Carolyn J. Fu）は、次のように振り返る。

「2024年6月17日の朝のブリーフィングで、教員チームのリーダーが「これから訪問するのは、世界で初めて〝グリーンティー〟（正確には玉露）を発明した会社です」と言ったときのことは、今でもよく覚えています。たがいに顔を見合わせ、「『グリーンティーを発明する』ってどういうこと？」「グリーンティーって発明品だったの？」「どうやって発明するの？」「誰が発明したの？」と口々に話しはじめ、その場が一気にざわつきました。それぐらい訪問前から大盛りあがりだったのです」

山本山では、11代当主の山本奈未社長が自ら、自社の製品、技術、歴史などについて説明してくれたそうだが、その中で山本山の6代目、山本嘉兵衛徳翁が、本当に「グリーンティー（玉露）」を「発明」していたことを知り、一同、驚いていたそうだ。

一般的に発明といえば、エジソンの蓄音機やグーテンベルクの活版印刷術などが思い浮かぶが、食品の世界にも様々な「発明品」があることに気づかされたからだろう。

山本山では、最高級の水出し玉露を試飲。

教員の一人、アシュリー・ウィランズ准教授（Ashley V. Whillans）が「今回の旅行で一番おいしかったのは、山本山で試飲させてもらった冷茶（水出し玉露）」と言っていたことからもわかるとおり、本物の玉露は教員たちに強烈な印象を残したようだ。

教員が見出した山本山の長寿要因

イノベーション戦略を専門に研究するフー助教授が山本山の視察で最も知りたいと思っていたのは、山本山が３００年以上にわたってビジネスを存続できた要因だった。フー助教授は、今回の視察で山本山の歴史を学び、同社には２つの長寿要因があることを実感したという。

１つは、創業以来、絶えることなく新しい製品やビジネスを創出し続けてきたこと。

１６９０年、５代将軍、徳川綱吉の時代に創業された山本山は日本最古の煎茶商だ。１７３８年に永谷宗円によって青製煎茶製法が開発されると、山本山はその販売を担い、煎茶ビジネスを大きく成長させていった。

1835年には、6代目、山本嘉兵衛徳翁が玉露茶を発明。これが2つめの収益の柱となる。その後、海苔や日本茶ティーバッグなど、新しい製品を販売し、現在では、日本茶や海苔を使用したスイーツなどの販売事業や飲食事業を展開し、海外進出も果たしている。

もう1つは経営トップのサクセッション（承継）に成功してきたこと。現在、社長を務めているのは、30代の山本奈未氏。伝統あるファミリービジネスで変革を起こしていくために、あえて若きリーダーが社長を引き継ぐ――。これもまた、山本山がイノベーションを創出し続けるための秘訣なのではないかと感じたという。

人気みやげは「とらやのキャンディー」

6月18日、教員一行は、東京・赤坂の虎屋本社を訪問。ここでは黒川光晴社長から、虎屋の歴史やビジネスについて説明を受けた後、250年以上の歴史を持つ生菓子「寒紅梅」の製造過程を視察。その変わらぬ技術に感銘を受けていたという。

さて、虎屋訪問後、教員たちが最も興味を持ったのが、「500年の歴史を持つ企業が作る羊羹の味」である。というのも、虎屋本社では、羊羹を試食する時間がなかったからだ。

中には思いがつのり、後日、「とらや　赤坂店」へ買いに行ったという教員もいた。生まれて初めて羊羹を食べた教員たちに感想を聞いてみたところ、皆、絶賛していたのが印象的だった。

面白かったのは、教員たちが皆、虎屋の羊羹を「キャンディー」と表現していたこと。インタビュー時、「とらやのキャンディー」とはどの商品のことを言っているのか、わからず、念のため写真を送ってもらったら、「小形羊羹」のことだった。今回の視察ですっかり虎屋のファンになったフー助教授はおみやげに買ってかえった「キャンディー」をいまも大事に保管しているという。

インタビュー②――キャロリン・フー助教授　Carolyn J. Fu

伝統を守りながら変革する手法に驚く

教員一行は、食品、衣料から金融まで、多種多様な老舗企業5社を視察した。

33人の教員たちの専門は、ファイナンス、マーケティング、イノベーション、企業戦略など、多岐にわたっている。同じ老舗企業を視察しても、興味を持つポイントも視点も異なっている。

その中で日本の長寿企業に特に強い関心を示していたのがシンガポール出身の若手教員、キャロリン・フー助教授だ。最先端のイノベーション論を研究しているフー助教授がなぜ長寿企業に興味を持ったのか、今回の視察でどんなことを学んだのか。新たな視点から日本の長寿企業の価値について解説する。

（2024年8月21日　インタビュー）

進化を続ける和菓子・茶・西陣織

――2024年6月16日から22日までの研修期間中、フー助教授は東京と京都で13の企業を訪問しました。日本企業にはどのような特長があると思いましたか。

スタートアップ企業から長寿企業まで、日本企業には共通して2つの特長があると思いました。

1つめの特長は、製品への愛着とものづくりへの強いこだわりです。スタートアップ企業の方々も、長寿企業の方々も、皆、自社の製品、技術、ものづくりのプロセスについて深い知識を有していたことに感銘を受けました。

2つめの特長は、どの企業も「アジャイル」であることです。特にスタートアップ企業だけではなく、長寿企業も、変化に機敏に対応する能力を備えていたことには、驚きました。一般的に、歴史の長い企業は、伝統にこだわるあまり、変化に迅速に対応できないのではないかと考えられていますが、私たちが訪問した長寿企業はいずれも伝統をうまくイノベーション創出に生かしていたのが印象に残りました。

たとえば、6月17日に訪問した山本山から学んだのは、「伝統を守りながら変革を起こし続ける手法」です。何を守って、何を進化させているのかが、山本山の300年超の歴史を見ればよく分かります。昔ながらのお茶を昔ながらの手法でつくることもできますが、現代流の手法を使えばもっと効率的に製造できる。あるいは、お茶を製造するための伝統的な技法を生かした上で、世界の多様な人たちのアイデアを取り入れれば、新しい種類のお茶をつくることができる。

「伝統を守る」とは、同じ製品を同じ方法でつくり続けることではない、ということを山本山から学びました。

6月18日に訪問した虎屋もまた、伝統を守りながら変革を起こし続けてきた企業です。虎屋は、およそ500年もの歴史を持つ企業ですが、同じ羊羹を同じ手法でつくり続けてきたわけではありませんし、同じ羊羹を同じ手法で消費者に販売してきたわけでもありません。なぜなら、500年前と現代とでは、羊羹をとりまく環境、つまり、消費者、技術、知識などが、全然違うからです。時代の変化にあわせて、イノベーションを起こし続けてきた同社の歴史はとても興味深く感じられました。

6月21日に訪問した京都の西陣織の老舗、細尾では、伝統的な織物の技術を踏襲しながらも、最新テクノロジーをとても効果的に導入していることに驚きました。織物の最新技術を応用して、自動車、バッグ、カメラ、ホテルのインテリアなどに使う素材を製造していたほか、図案の作成においては実験的にAIも活用していました。創業300年を超える「きものの会社」でこのような最先端の取り組みを見られるとは思いもしませんでした。

――日本企業の経営者にはどのような強みがあると感じましたか？

日本企業の経営者が総じて自社や自社製品・サービスに対して、強い誇りを抱いていたのが印象的でした。

虎屋の黒川光晴社長が語ってくれたのは、虎屋の500年間の歴史と歴代の17人の店主への敬意です。黒川社長からは、18代当主として、伝統を引き継ぎ、守り、そして、次の世代へとつなぐ役目を担っていることに、やりがいと誇りを感じている様子がひしひしと伝わってきました。

第一生命ホールディングスの稲垣精二会長もまた、およそ120年間の同社の歴史を熱心に語ってくれました。中でも印象的だったのが、「第一生命日比谷ファースト」の建物の歴史とともにビジネスの変遷を話してくれたことです。
この場所が、どのような意味を持つのか、第一生命グループのビジネスがこのビルを中心にどのように変遷してきたかなどについて説明してくれました。こうしたプレゼンテーションからは第一生命グループが、日本の保険業界を牽引してきたことに対する誇りが強く感じられました。

——日本での研修の最大の成果は何でしょうか。

今回の研修旅行での最大の収穫は、「伝統や歴史を生かしながらイノベーションを創出する方法」があると学べたことです。伝統的な製品を新しい手法で効率的に製造するのも1つのイノベーションですし、伝統的な製造手法の一部を利用して、時代に合った新しい製品をつくるのも1つのイノベーションです。要は、その生かし方が重要なのです。

現在、多くの大企業は、「変革を起こしたいのに起こせない」という課題を抱えています。

歴史の古い大企業であればなおさらそうでしょう。こうした中、「イノベーションを起こすには、これまで守ってきた価値観やアイデンティティを一新しなくてはならないのではないか」と考える人もいます。ところが、日本の長寿企業が教えてくれたのは、企業の伝統・アイデンティティを維持しながらもイノベーションを創出する方法はたくさんあるということです。

だから日本の長寿企業は面白い

――一般的にイノベーション戦略の研究者といえば、最先端のスタートアップ企業を研究している印象があります。なぜ長寿企業に興味があるのですか。

私が研究対象として長寿企業に関心を持っているのは、長寿であればあるほど、イノベーションを起こすのが難しいからです。スタートアップ企業でイノベーションを創出したり、変革したりするのはそれほど難しいことではありません。何もかもゼロからのスタートですから、創業者はどんどん新しいものを築いていけばよいのです。

ところが、伝統ある企業ではそうはいきません。既存の製品やサービスには、すでに多くの顧客がついていて、それらを提供するために、何千人、何万人もの社員が関わっていて、確固たるビジネスプロセスができあがっている。これらを生かしながら、どのように新しいものをつくっていくのか。何を維持して、何を捨てるのか。こうした問題を日本の長寿企業はうまく解決しているように思います。
　300年企業、500年企業は、ただ古いだけで、イノベーションなんて起こしていないんじゃないかと思われがちですが、逆に、これらの企業が存続しているのは、革新的だからなのです。イノベーションを起こし続けてきたからこそ、何百年も存続できているのです。このことを日本の長寿企業から学べたのは、大きな収穫であったと思います。

――今後、ハーバード大学経営大学院でどのような日本企業を研究し、学生たちに教えていきたいですか。

　今後はイノベーション戦略の観点から、芸術とテクノロジーの両方に関わっている日本企業や長寿企業を研究し、教材を執筆していきたいと考えています。できれば2025年中に、日本企業の事例を取り上げた教材を出版したいですね。
　授業ではただ教材をもとに議論するだけではなく、日本のビジネス慣習についても教えていきたいと思っています。日本人学生に協力してもらえば、日本企業のビジネス慣習の根底にある文化や伝統についてより深く学ぶことができると思います。できれば近々、日本を再訪して、さらに研究を進めたいと思っています。

第2章

日本ブランド

日本ブランドを世界に売る

近年、日本を訪れる外国人観光客の数が急増している。日本政府観光局（ＪＮＴＯ）によれば、２０２４年の訪日外国人客数は３６８６万９９００人。これまでの最多だった19年を約５００万人上回り、過去最多を記録した。

この人気を反映するかのように、ぐんぐんとあがっているのが、日本の国としてのブランド力だ。様々な国家ブランドランキングでも、日本は著しい躍進を遂げている。

たとえば、２０２３年11月、日本は世界60か国の国家ブランド力を６つのカテゴリーで評価する「アンホルト-イプソス国家ブランド指数（ＮＢＩ：Anholt-Ipsos Nation Brands Index）」で、ドイツを抜き、60か国中1位となった。[*1] これは同社が調査を開始して以来、初めてのことだ。

カテゴリー別でも日本の順位は軒並み向上し、「輸出」「ガバナンス」「文化」「人材」「観光」「移住と投資」の６つのカテゴリーすべてにおいてトップ10入りを果たした。最も評価が高かったのは「輸出」（国の輸出力を検証する指標）。製品の魅力、科学技術への貢献、場所のクリエイティビティなどが高評価だったという。

２０２４年11月に発表された最新ランキングでも日本は1位を維持している。[*2]

そのほか、「ＵＳニュース＆ワールド・リポート　ベストカントリーランキング」ではスイスに次いで2位、[*3]「フューチャーブランド　カントリーインデックスランキング」では1位[*4]を獲得している。

近年、マーケティングの世界では、国、都市、地域など、「場所のブランド・マネジメント」の重要性が指摘されていて、ハーバード大学経営大学院でも専門に研究する教員が出てきている。国のブランド力が向上すれば、観光産業だけではなく、輸出増大、人材の獲得、外国からの投資増大などが見込まれ、経済的な効果は絶大だからだ。

ハーバードで出版された日本関連の教材を見てみると、日本の製品やブランドをいかに世界に売るかをテーマにしたものが多いことに気づく。亀田製菓、ＦＯＯＤ＆ＬＩＦＥ

国家ブランド指数ランキング

1	日本
2	ドイツ
3	イタリア
4	スイス
5	イギリス
6	カナダ
7	アメリカ
8	スウェーデン
9	オーストラリア
10	フランス

出典：Anholt Nation Brands Index 2024

COMPANIES（回転ずしのスシローなどを運営）、ポケモン、良品計画（無印良品などを運営）、ドン・キホーテ、AKB48、チームラボなどの事例が、教材化されている。

本章では世界で人気を集める日本ブランドについての授業や研修について詳述し、これらのブランドが世界的な成功を収めている理由に迫る。

「無印良品」「ユニクロ」の世界旗艦店に圧倒される

来日したハーバードの教員や学生が必ずといっていいほど訪れるのが、「無印良品」と「ユニクロ」の店舗だ。

2024年5月に来日した前出のスワプニル・ラッド氏が真っ先に向かったのは「無印良品 銀座」。その理由は、〝本家本元〟の日本の店舗で買い物をしてみたかったからだという。

「ボストンをはじめ、アメリカ国内にも無印良品の店はたくさんありますが、日本の店舗がどんな感じなのか興味津々でした。実際に銀座の旗艦店を訪れてみると、ボストンの店舗よりもずっと大きくて品揃えも豊富。とても素敵なショッピング体験ができました」と話す。

同年６月に来日したアシュリー・ウィランズ准教授が研修中の空き時間に訪問したのは、「ユニクロ銀座店」。

「アメリカにもユニクロの店舗はありますが、「ユニクロ銀座店」でのショッピング体験は別格。私が行ったことのあるアメリカの店舗はいずれも小型店舗で、「ビル丸ごとユニクロ」の店舗は初めての体験でした」という。

ウィランズ准教授が特に虜になったのは、建物内部の統一感と没入体験だ。

「エスカレーターで上がっていきながら、各フロアを探索すると、ユニクロのブランドコンセプトが一目で伝わるインスタレーション（周りの環境も取り込んで、その総体を芸術的空間として提示してある展示や作品）が各フロアに設置されていて、まるでユニクロの博物館にいるような感覚になりました」と話す。

教員が虜になった激安ジャングル「ドン・キホーテ」

日本通のラモン・カザダスス＝マサネル教授が来日時、毎回、訪問するのは、「ドン・キホーテ」の店舗。

「東京に滞在するときは、仕事以外でも必ずドン・キホーテに立ち寄ることにしています。特によく訪問しているのが「MEGAドン・キホーテ」です。駅から近く、郊外にある店舗とはまた違ったショッピング体験ができる点が気に入っています」と話す。

カザダスス＝マサネル教授が訪れるたびに驚かされるのは、独創的な売り場づくりだ。安価な日用品から高価なブランド品まで多種多様な品揃え、ジャングルのようなインテリア、圧縮陳列（狭小な売り場空間を商品で隙間なく満たす陳列手法）、遊び心にあふれたPOP（商品説明）……。顧客にショッピングを楽しんでもらうための仕掛けが、あらゆるところに見られるところが面白いのだという。

銀座の街中に、シンプルな製品を提供する「無印良品」「ユニクロ」とジャングルのような空間で雑多な商品を売る「ドン・キホーテ」が、混在しているのは、いかにも日本らしい。

カザダスス＝マサネル教授は、これもまた日本の魅力だという。

「日本社会が持つ「相異なる要素を調和させ、包含する能力」には感服するばかりです。「伝統と革新」「礼節と奇抜」「喧騒と静寂」「階層と平等」「高い勤労意欲とワークライフバランス」「ミニマリズムとモノであふれた空間」――。一見、真逆に見える2つの要素を共存させているのが日本文化の魅力だと思います」

日本発の型破りなビジネスモデルに驚く

ドン・キホーテの店舗運営に興味を持ったカザダスス＝マサネル教授は、2022年10月、同社の事例を教材化。現在も授業で定期的に教えている。

ドン・キホーテを運営するパン・パシフィック・インターナショナルホールディングス（PPIH）のはじまりは1978年、創業者の安田隆夫氏が29歳のとき、西荻窪に小さな雑貨店を開業したことだった。

1980年に前身のジャストを設立し、1989年、総合ディスカウントストア「ドン・キホーテ」の1号店となる府中店をオープン。その後は順調に店舗を増やし、1998年には東証第二部に上場した。

2000年代以降は、さらに規模の拡大に注力。アメリカ、タイ、香港など、海外で次々に店舗をオープンしたほか、国内ではM&Aを加速。2007年に長崎屋、2019年にユニーを子会社化し、総合スーパー業に進出した。

PPIHの売上高は2024年6月期、2兆円を突破。これは日本の小売業界ではセブン&アイ・ホールディングス、イオン、ファーストリテイリングに次ぐ第4位の売上高だ。グループ総店舗数は755店（国内639店、海外116店、2025年2月時点）。ここ数年、国内、海外ともに店舗数を増やし続けている。

カザダスス＝マサネル教授がドン・キホーテの事例を教材として執筆しようと思ったのは、その型破りなビジネスモデルに興味を持ったからだという。

「独創的な売り場づくり」「店舗ごとに異なる品揃え」は、従来の小売業の常識を覆すものだ。「コストコ」「ウォルマート」など、アメリカの大型小売店舗とは明らかに違う。

その要因はドン・キホーテが逆転の発想を取り入れて、一般的な小売店舗とは差別化していることにある。

このユニークな店舗戦略を可能にしているのが、店舗スタッフへの徹底した権限委譲。売り場の担当者は何を仕入れて、どのように陳列し、宣伝するか、すべて自分で決められる。また、どれをセール品にするかも、いくらで売るかも自分で決められる。アルバイトでも社員でも、与えられる権限は同じだ。大きな裁量権を与えられれば、現場スタッフはやる気になる。すると各売り場の売上が上がっていく。一つ一つの売り場の売上が積み重なれば、店舗全体、会社全体の売上も上がっていく。売上高2兆円は、現場スタッフの創意と工夫の賜物なのだ。

「ドン・キホーテ」は戦略の観点からいかに議論されるか

では、ハーバードの授業で学生たちはどんなことを議論するのだろうか。

教材『ドン・キホーテ』[*5]が使われるのは、主に企業戦略の授業だ。授業の主題は次のとおりだ。

日本最大手のディスカウントストア、「ドン・キホーテ」は、「店舗への権限委譲」「独創的な売り場づくり」「深夜営業」などを実施し、他の小売企業とは違ったビジネスモデルで成功してきた企業だ。ところが近年、オンラインショッピングの利便性に慣れてしまった顧客は、これまでのように実店舗に長く滞在しなくなってしまい、結果、同社の国内店舗の売り上げは減少傾向にあった。こうした中、ドン・キホーテは自らの強みを生かしつつ、どのようにビジネスモデルを変えていけばよいのか。

カザダスス＝マサネル教授によれば、具体的には社長の視点から次の3つのテーマで議論するという。

1　既存の成功戦略の変革方法

- 成功している戦略は、成功しているがゆえに変えるのが難しい。ドン・キホーテの戦略は日本市場を主眼として立案されたものだから、このビジネスモデルをそっくりそのまま国外の店舗で展開してもうまくいかない可能性がある。ではどうすればよいか。

２　ｅコマースの台頭

•オンラインショッピングの普及はドン・キホーテのビジネスにとって脅威とみるべきなのか、あるいは、新たな機会とみるべきなのか。

•ドン・キホーテが本格的にオンラインショッピング事業を展開した場合、顧客価値（顧客が製品やサービスを購入する際に期待する利益や満足度）とドン・キホーテが実際に提供する価値の間に、どれほどのギャップを生むのか。

３　既存の強みの生かし方

•企業戦略を転換するにあたって、いかに強みを生かしつつ、新たな競争優位性を確立していくか。

•親会社ＰＰＩＨの店舗ネットワーク、商品の専門知識、顧客セグメントの理解といった戦略的資産を、今後、どのように生かしていくのか。


店舗運営という身近な事例であることから、いずれのテーマについても議論が白熱したという。学生の中には、この授業を学んだ後に、日本に来て、実際にドン・キホーテの店舗に行ってみた人もいたそうだ。

「チームラボボーダレス」で体感する日本のイノベーション力

2024年6月の教員研修の視察先を見て気づくのは、日本文化に関わる企業や店舗がとても多いことだ。

前述の虎屋、山本山に加え、チームラボ、増田德兵衛商店（日本酒蔵元）、細尾（西陣織老舗）、かみ添（唐紙工房）、DiO《ディオ》（文化財や都市空間のデジタル化を手掛けるデジタル職人集団）が研修先として選出されている。

6月19日、教員一行が訪問したのは東京・麻布台ヒルズの体験型ミュージアム「チームラボボーダレス」。「チームラボボーダレス」は、デジタルテクノロジーを活用したアートを常設展示する世界有数のミュージアムだ。

このアート作品を制作しているのが、2001年創業のチームラボ。最新のテクノロジーを活用したシステムやデジタルコンテンツの開発を行う企業だ。アーティスト、プログラマー、エンジニア、CGアニメーター、数学者、建築家などが在籍し、別名、「ウルトラテクノロジスト集団」とも言われている。

チームラボはニューヨーク、ロンドン、パリ、シンガポールなど世界各地で常設展およびアート展を開催。ハーバード大学でも作品を展示したことがある。

そのチームラボの最新の常設ミュージアムが「チームラボボーダレス」だ。

美術館・博物館といえば、通常、飾ってあるものを鑑賞するだけだが、「チームラボボーダレス」のデジタルアート作品は、鑑賞する人の存在や動作に合わせて変化していくのが特徴だ。来館者は様々な空間を移動しながら、唯一無二のアート作品を自分でつくっているような感覚になる。デジタルアート作品の中には花鳥風月など、日本美術が描いてきたモチーフが多くあることから、最先端の日本文化を体験できると、外国人観光客にも評判だ。

２０２４年2月に麻布台ヒルズにオープンした「チームラボボーダレス」は、開館から8か月で来場者数１００万人を突破。7月には、米誌「タイム」の２０２４年版「世界で最も素晴らしい場所」１００選に選出された。

この体験に魅せられたのが、芸術とテクノロジーの分野からイノベーションを研究するキャロリン・フー助教授だ。

「ニューヨークの美術館などでも、巨大なディスプレイを使った作品を見ることはできますが、自分自身がアートの一部となり、自分の動きと相互に作用して、アートそのものが変わっていくといった作品は見たことがありませんでした。これまで多くの芸術を鑑賞してきましたが、このような没入体験を味わったのは生まれて初めてです」と興奮気味に話す。

また、最新のデジタルアートから強く感じたのは、「日本」の強みである技術と文化だった。

「『チームラボボーダレス』を体験して感じたのは、これは日本のチームだからこそ生み出せたのではないかということ。日本のエンジニアによる最新のテクノロジーと日本的なアートの融合は、唯一無二のものです。このようなユニークな文化体験も、日本以外の国では味わえないと思います」

オペラ、バレエ、ビデオゲームなどを対象に、企業、アーティスト、批評家、観客など、作品をとりまくエコシステムとイノベーションとの関係性を研究してきたフー助教授は、チームラボについても研究対象として興味を持ったという。

「増田徳兵衛商店」が開拓した日本酒ビジネスの可能性

浮世絵や根付を収集するなど、日本文化に造詣が深いカール・ケスター名誉教授が、今回の視察で魅せられたのは、増田徳兵衛商店（京都・伏見区）の日本酒だ。教員一行は6月21日、終日、京都の企業を訪問。その中の1社が「月の桂」の蔵元、増田徳兵衛商店だった。

もともと日本酒好きのケスター名誉教授は、様々な銘柄の日本酒を飲んだことはあったが、「スパークリングにごり酒」を試飲したのは生まれて初めて。すっかり虜になってしまったという。

増田徳兵衛商店の創業は１６７５年。京都・伏見で最も古い歴史をもつ造り酒屋の１つだ。この会社が数ある蔵元の中から視察先として選ばれたのは、前述のとおり新しいジャンルの酒を開発してきたパイオニアだからだ。

1964年には13代目が日本で初めての「スパークリングにごり酒」を発明。1965年には磁器の甕《かめ》で長期熟成させた「純米大吟醸古酒」を開発。「にごり酒」と「熟成酒」の〝元祖〟としての地位を確固たるものにしている。

近年では地元産の酒米の復活・栽培や、低アルコール酒開発などにも着手。日本酒業界にさらなるイノベーションを創出しようとしている。

増田徳兵衛商店では、増田会長から同社の歴史、技術について説明を受けたのち、様々な酒を試飲させてもらったそうだ。

「日本酒には大きな可能性を感じます。アメリカのアルコール飲料市場において、日本酒のシェアは、ワインやウイスキーに比べるとまだまだ小さいですが、確実にシェアを伸ばしています」とケスター名誉教授。

アメリカにおける日本酒の市場シェアはわずか0・2％程度だが、確実に伸びている。財務省の貿易統計によると、2024年度の輸出金額は約435億円。うち、アメリカへの輸出金額は前年比25・9％増の約114億円だ。[*6] 中にはニューヨーク州に酒蔵を建設し、生産を始めた旭酒造（山口県岩国市、2025年6月より社名を獺祭《だっさい》に変更）のような企業も出てきている。

ケスター名誉教授は言う。

「日本酒のほかにも、日本には、今後、世界的に人気が高まりそうな日本独自の製品が数多くあります。ここに大きな成長の可能性があると思います。こうした製品をつくっている企業が海外に進出し、売り上げを伸ばしていけば、必ずや日本経済の成長の原動力になることでしょう」

リーダーシップの観点から見るドラマ『SHOGUN　将軍』

2025年1月5日、アメリカの優れた映画やドラマを表彰する第82回ゴールデン・グローブ賞の授賞式が米カリフォルニア州ビバリーヒルズで開かれ、ドラマ『SHOGUN　将軍』がテレビドラマ部門の作品賞に輝いた。このほか、真田広之氏が主演男優賞、アンナ・サワイ氏が主演女優賞、浅野忠信氏が助演男優賞を受賞し、合わせて4つの賞を受賞するという快挙を成し遂げた。

『SHOGUN 将軍』は、2024年9月の米エミー賞でもドラマシリーズの作品賞他、18の賞を受賞。近年、アメリカで最も高く評価された「日本を舞台としたドラマ」であることは間違いないだろう。

世界で大ヒットしたテレビドラマが「時代劇」であったのは偶然ではない。

ハーバード大学経営大学院の学生たちの中にも、日本の武将に興味を持つ学生が少なからずいる。たとえば、前出のジョナサン・フランコ氏は、「大学時代は、授業で日本の歴史を学び、戦国時代のダイナミズムにも魅了されました。特に好きな武将は徳川家康。戦国の世を制し、およそ260年も続く江戸幕府の基礎をつくりあげた武将のリーダーシップからは学ぶべき点が多くあると思いました」と話す。

またリーダーシップの側面から、『SHOGUN 将軍』の主人公、吉井虎永に興味を持ったのは、米ネットフリックス出身の前出のプレストン・スミス氏。

「虎永は、野望を持ちながらも、部下には本音は言わない。部下は虎永が何を考えているか、理解をしていなくても、従ってしまう。このリーダーシップの手法は現代のアメリカ企業の経営者が使っている手法とは全く違っていて、面白かったです」と話す。

ハーバードで最も有名な将軍は徳川家康ではなかった

『ＳＨＯＧＵＮ　将軍』の主役である戦国最強の武将、吉井虎永のモデルは徳川家康だし、アメリカの大学の授業でも徳川家康のことを習うようだから、ハーバードで最も知られているのは家康かと思っていたら、家康よりも有名な将軍がいた。

８代将軍、徳川吉宗である。

なぜなら、ハーバードには徳川吉宗を主人公とした教材が存在するからだ。教材の題名は『堂島米市場と先物市場の起源』[*7]。ハーバードで最も人気がある選択科目の１つ、「近代的金融システムの形成」の授業の中で継続的に使用されている。

この教材には、１７３０年、世界最初の先物市場、堂島米会所《こめかいしょ》がどのようにして生まれたかが書かれている。

金融市場といえば、欧米が発祥のように思われがちだが、日本は江戸時代、世界でも有数の金融大国だった。大坂の堂島に米市場が出来て、そこから日本の商人は先物取引というものを発明。それがアメリカやヨーロッパに伝わって、今の先物市場に発展したと言われている。

安土・桃山時代、有力商人が在住していた大坂には、諸大名の蔵屋敷が建てられはじめた。蔵屋敷とは、諸大名が年貢米や特産物を売りさばくために設けた倉庫と取引所を兼ねた屋敷のこと。要は商売と換金の拠点だ。江戸幕府が成立し、政治の中心は江戸に移転したものの、商業の中心はそのまま大坂に留まった。やがて大坂には米を取引する市場が自然発生的に形成されていった。

江戸時代、米は主要な食糧としてだけではなく、貨幣の代替物としての役割も果たしていた。農民は年貢を米で納め、武士は俸禄を米でもらっていた。そのため、武士は米の価格や収穫量の動向を気にしていた。

17世紀半ば頃、米市で使用されはじめたのが、紙の証券、すなわち「米手形」（後に「米切手」）だ。米俵は重いし、かさばるから、取引のたびに動かしていたら大変だ。そこで取引に便利な証券が使われるようになった。

次に商人たちが考えたのが、「先物取引」（帳合米取引）だ。先物取引は、「天候や米の取れ高によって、米の値段が上下してはかなわない。価格変動から受ける影響をなるべく小さくするにはどうしたらいいだろうか」という商人たちの素朴な疑問から発明された。この発明は「歴史に残る偉業」として世界の経済学者から絶賛されている。

徳川将軍の立場から経済政策を議論する

堂島米市場の事例を教材に、ハーバードの学生は何を議論するのだろうか。

面白いことに、ハーバードはグローバルリーダーの養成機関なので、商人の立場ではなく、「徳川吉宗」の視点から堂島米会所の成り立ちを見ていくのである。つまり「あなたが徳川吉宗だったら、堂島米市場を公的に認可しますか」というテーマについて議論するのだ。

時は１７３０年。徳川吉宗は悩んでいた。

商人たちから相次いで「堂島米市場を公認してくれ」と懇願されていたからだ。幕府は、長い間、先物取引を賭博の一種とみなし、容認してこなかった。ところが米価が下落すると武士の経済的状況が悪化。支配階級としての武士の立場が、あやうくなってしまうことを危惧し、制限つきで容認せざるをえなくなった。吉宗が直面していたのは、幕府として、堂島米市場を「公許」すべきかどうか、という問題だった。

ハーバードの教材には、先物取引が自然発生的に誕生してから、１７３０年までの幕府の政策の変遷がつぶさに書かれている。その過程は、まさに黙認したり、禁止したりと、試行錯誤の繰り返しだった。

幕府の政策が二転、三転した背景には、武士と金銭の特殊な関係があった。

武士にとって金銭を取引する市場は、品性に欠けるもの。金が儲かることは分かっていても、「損得勘定で物事を考えない」武士道の精神に反するものだった。

しかし一方で、これを幕府がうまく利用すれば、幕府の財政はうるおう。米の値段があがれば、武士の生活は楽になる。また農民も米作りに励むようになる。

１７１６年、第８代征夷大将軍に就任した徳川吉宗にとって、米市場を容認するか、というのは最重要課題の１つだった。１７２１年、市場で米価が高騰すると、先物取引を含む「不実の商い」を禁止。しかし翌年、米価が急落すると、一転、黙認する方針をとる。[*8] 学生たちが考えるのはこのあとの１７３０年の徳川吉宗の決断についてだ。

この事例を、徳川吉宗の立場にたって議論するには、江戸時代の日本の社会構造や米市場が形成されるまでの過程、さらには「サムライ」の価値観まで理解しなければならない。とても難しい事例であるが、学生からの評判がとても良い教材となっているという。

面白いことに、ハーバードの教材には「侍」(samurai)、「将軍」(shogun) という言葉は出てくるが、「武士」(bushi) という言葉は出てこない。これは、ゲームや映画などでサムライが武士の英語訳として定着しているからだろう。

徳川吉宗がハーバードの学生の心をとらえてはなさないのは、アメリカとは別世界の国のリーダーの物語だからだ。

日本には将軍の数だけ、リーダーの物語がある。

すでにドラマシリーズ『ＳＨＯＧＵＮ　将軍』は、続編が制作されることが決定しているが、サムライもショーグンもコンテンツのキャラクターとしてだけではなく教材の題材としても大きな可能性を秘めているのは間違いない。

インタビュー③｜ロヒト・デシュパンデ名誉教授 Rohit Deshpande

「グランドセイコー」と「レクサス」、真逆のブランド戦略

日本の製品やブランドをいかに世界に売るか。このテーマはハーバード大学経営大学院でマーケティングを研究する教員の間でも注目されつつある。というのも、日本の菓子、回転ずし、コンテンツなどは学生にとって身近な存在なので、とても議論が盛り上がるからだ。

こうした中、2024年11月、セイコーグループの高級腕時計グランドセイコーのブランド戦略を取り上げた教材『グランドセイコー：眠れる獅子』[*9]が新たに出版された。日本のラグジュアリーブランドがハーバードの教材に取り上げられるのは珍しい。

教材を執筆したロヒト・デシュパンデ名誉教授（Rohit Deshpande）に、グランドセイコーの事例に興味を持った理由や日本のラグジュアリービジネスの可能性と課題などについて聞いた。

（2025年1月24日 インタビュー）

「グランドセイコー」の独創的なブランド戦略

――デシュパンデ名誉教授は2024年11月、『グランドセイコー：眠れる獅子』を出版しました。この教材を執筆した動機は何ですか。

「グランドセイコー」の事例を教材にしたいと思った動機は主に2つあります。1つは、私自身、大学を卒業後、何十年間にもわたってセイコーの腕時計を愛用してきたこと。ごらんのとおり、今日、私が身につけているのも、グランドセイコーの「白樺」モデルです。

もう1つは、グランドセイコーのブランド戦略が極めてユニークであること。私は長年、ハーバードでグローバルブランドを研究してきましたが、セイコーグループが最高級ラインのグランドセイコーをグローバル市場で売り出した際、従来のブランディング理論に則っていない手法をとっていたことに興味をもちました。

――具体的にはどのような点がユニークだったのでしょうか。

最も独創的だったのは、アメリカ市場で最高級ラインで勝負するのに、「グランドセイコー」というブランド名をそのまま使用したことです。

1960年に発売開始された高級腕時計、グランドセイコーは日本では有名なブランドですが、海外ではそれほど知られていませんでした。本格的に海外進出したのは2010年。最初のメインターゲットはアメリカ市場でした。

通常、日本のメーカーが海外市場でラグジュアリーブランドを立ち上げる際には、全く新しいブランド名をつけるのが定石です。なぜなら、世界では、日本のメーカーは「大衆向け」の製品をつくっているというイメージがまだまだ強いからです。実際、コンサルティング会社も経営陣に対して「「グランドセイコー」ではなく、別のブランド名を新たに立ち上げたほうがよい」と助言していたと聞いています。

また、セイコーグループには、「クレドール」という高級腕時計のブランドがありますから、「クレドール」という名前を使う手もあったはずです。にもかかわらず、2017年、アメリカで最高級ラインを独立ブランドとして売り出す際、「グランドセイコー」をそのまま使うことにこだわりました。これはなぜなのだろうか、と思ったのが、教材を執筆した動機です。

――なぜ、理論上は、全く新しい名前をつけるのが定石なのでしょうか。

一般的に、私たち消費者が商品を購入する際、商品のブランド名のみで購入を決めていると思われていますが、実際には、2つのブランド――商品のブランド名（製品ブランド）と生産国、またはメーカーの創業国のブランド（国家ブランド）――を考慮してから、決断していることが多いのです。

グランドセイコーの腕時計を買おうかと検討している人がいたとしましょう。その人が購入に至るまでに無意識のうちに考慮しているのが「グランドセイコー」という製品ブランドと、「日本」という国家ブランド、すなわち「Made in Japan」です。

この2つのブランドのイメージがマッチしていれば、消費者は多少高くても「この商品を買おう」と思いますが、マッチしなければ「買うのをやめようか」と逡巡することになります。たとえば、消費者がラグジュアリー製品を購入する際、どれだけ高品質な製品であっても「Made in China」「Made in India」と書いてあるのをみると、急に高い料金を払いたくなくなってしまうのは、その消費者が持つ製品ブランドと国家ブランドのイメージがマッチしていないからです。

この現象を私は「プロベナンス・パラドックス」（原産地のパラドックス）と呼んでいます。すなわち、ある国・地域で生産された製品が、その生産国、またはメーカーの創業国の持つブランドイメージの影響を受け、消費者から正当な評価を受けられず、高い料金を払ってもらえない現象のことです。

ではこの「プロベナンス・パラドックス」を解決するにはどうしたらよいか。その方法は主に5つありますが、そのうちの1つが、日本の自動車メーカーが採用している「長時間かけて、一からラグジュアリーブランドを構築する」という手法です[*10]。

トヨタ自動車の事例で説明しましょう。長年、トヨタが生産する自動車は同じクラスのアメリカ車よりもずっと高品質であったにもかかわらず、アメリカ車より高い値段をつけることができませんでした。その理由は、アメリカ人の中に「日本製はアメリカ製よりも劣る」という偏見が根強くあり、アメリカ車よりも値段が高いと売れなくなってしまうからです。

トヨタが高価格帯の自動車をアメリカで売り出すことにしたとき、トヨタは既存のブランド名（「カムリ」「カローラ」など）が入った名前は使用せず、全く新しいブランドを一から立ち上げることにしました。それが、「レクサス」です。

同様に、日産自動車は「インフィニティ」、ホンダは「アキュラ」というブランドを新たに立ち上げて、ラグジュアリーカーの市場に進出しました。このように、日本の自動車メーカーは、全く新しいブランド名をつけることによって、メーカーの創業国に対する偏見を乗り越えようとしたのです。そしてこの戦略は現在もうまくいっています。

一方、グランドセイコーは、日本の企業名である「セイコー」を含んだブランド名をそのまま使用することを決断しました。つまり、日本の自動車メーカーの成功ルールには則らなかったことになります。だからこそグランドセイコーの事例を研究してみたいと思ったのです。

――グランドセイコーの事例はすでにハーバードの授業で教えましたか。具体的にはどのようなテーマで議論したのでしょうか。

２０２４年11月に『グランドセイコー：眠れる獅子』を出版後、翌月の12月に早速、エグゼクティブプログラムの授業で使用してみました。議論の主題は「あなたがセイコーグループの経営者なら、グランドセイコーの名前を国外市場でもそのまま使うか否か」「もし使用しない場合は、どのような代替手段を提案するか」。

このエグゼクティブ講座の受講者は中東諸国出身の経営者や役員で、グランドセイコーというブランド名を知らない人たちばかりでした。ところが1人だけ、「私はグランドセイコーのファンで、いくつも保有している」という人がいました。その人は「グランドセイコーは自分にとっては最高のブランド名だ。だから変えるべきではない」と主張しました。その一方で「ブランディング戦略の定石どおり、やはり変えるべきではないか」と主張した受講者もいました。

ご存じのとおり、ハーバードの授業は、正解を求めることを目的としていません。この問題についても永遠に結論は出ないですが、ラグジュアリーブランドに興味を持つエグゼクティブが多かったこともあり、議論はとても盛り上がりました。グランドセイコーの事例はとても好評だったので、MBAプログラムでも教える予定です。

――ブランド名についての議論は結論が出ないとのことですが、グランドセイコーの事例をもとに、学生やエグゼクティブには何を学んでほしいですか。

まずは、消費者がブランド品を買う際には「製品ブランド」だけではなく「国家ブランド」も考慮していること、この2つがマッチしないと「プロベナンス・パラドックス」という現象が起きることを学んでほしいと思います。

もう1つは、「ラグジュアリービジネス」という特殊なビジネスの仕組みやルールについて、理解を深めてほしいと思います。このビジネスは、伝統的なマーケティングのルールに則らないことが多く、むしろ逆の手法がとられているのが特徴的です。

消費財などのマーケティングでは、売上を増やすためには、「製品をできるだけ多く生産し、できる限り多くの店舗で売る」というのが定石です。ところが、ラグジュアリービジネスの世界では、その逆の戦略をとります。その代表例がエルメスやシャネルがとっている戦略です。これらのブランドは、あえて限られた数しか生産しませんし、限られた店舗でしか製品を入手できないようにしています。この希少性にこそ、消費者は高いお金を払ってくれると考えているからです。

価格設定においても、典型的な戦略とは逆の戦略がとられています。通常、短期的に売上を増やすためには、「価格を下げて販売する」という手法がとられます。ところがラグジュアリーブランドは、ほとんどセールを行いません。むしろ、近年では「価格を上げたほうが売れる」と考え、大幅に価格を上げているのです。

絶対王者ロレックスの独自戦略

高級腕時計の市場で圧倒的な売上とシェアを誇っているのがロレックスです。なぜこれほどロレックスは成功しているのでしょうか。

ロレックスの成功要因は主に3つあると思います。まず最も大きな要因は、巨額の広告宣伝費です。ロレックスは他のどの時計メーカーよりも多額の広告宣伝費をかけています。

2つめが、ガバナンスです。ロレックスは非上場のファミリービジネス企業ですから、ファミリーメンバーが伝統的な価値観をもとにすべてを決断できます。また、四半期ごとの売上や利益を気にする必要もありません。「今期の売上を積み増すために、セールをしなければ」「短期的に売上をあげるために、安価な製品ラインを投入しなければ」といったことも考えなくてよいのです。

3つめがデザインの一貫性です。オメガと比較するとわかりやすいですが、オメガの最上位モデル「コンステレーション」は初期モデルの発売以来、何度も大幅にデザインを変えていますが、ロレックスの「デイトジャスト」はほとんどデザインを変えていません。この一貫性が、ブランド価値を高めるのに大きく寄与していると思います。

――セイコーグループの創業は1881年。ロレックスの創業は1905年。ともに長寿企業ですが、セイコーグループはマス・マーケット（大量消費市場）に進出し、ロレックスは進出しませんでした。なぜロレックスは独自の道を歩んだのでしょうか。

ロレックスの創業家は、マス・マーケットに進出するつもりは一切なかったと思います。創業家にとって最も大切なのは、製品の伝統やブランド・アイデンティティを守ることだからです。そのため、ロレックスは創業以来、常にハイエンドな人たちをターゲットに、高品質・高価格な製品を提供することに集中してきました。

セイコーグループもファミリービジネスとしてスタートしていますが、1949年に株式を公開し、上場企業になりました。すると、株主の要求に応えるために、数字で結果を残していかなくてはならなくなりました。その結果、セイコーグループはロレックスとは別の道を歩むことを決断しました。つまり、卓越した技術力をもとにマス・マーケットに進出することにしたのです。

株式上場後、セイコーグループはクオーツ時計の小型化・実用化に取り組み、1969年、世界初のクオーツ腕時計を発売します。以降はクオーツ腕時計の開発・販売に注力し、昔ながらの機械式腕時計をあまり生産しませんでした。

一方、ロレックスはこのトレンドに乗りませんでした。クオーツ腕時計も少しは生産しましたが、あくまでも主力は伝統的な機械式腕時計でした。その理由は、単価の安いクオーツ腕時計を大量に生産すれば価格競争に陥ってしまう恐れがあったことにあります。現在、高級腕時計業界で大きなシェアを占める他のブランドも、ロレックスと同じ戦略をとり、大衆向けの製品には注力しませんでした。一方、クオーツ腕時計の生産に注力したセイコーグループは、その後、激しい価格競争に巻き込まれてしまいました。中国のメーカーが市場に参入してきたからです。

日本の歴史や伝統をブランディングにどう生かすか

――グランドセイコーが海外市場でさらに売上を伸ばしていくための課題は何でしょうか。

現在、セイコーグループは、アメリカ市場をグランドセイコーのメインターゲットに定めていますが、最大の課題は、コレクター以外の層にどれだけファンを増やせるかでしょう。すでにアメリカのコレクターの間では、グランドセイコーの技術やデザインは高い評価を得ています。たとえば、私はもともとグランドセイコーのファンなので、この時計がいかに優れた職人技の結集であるか、とてもよく理解しています。

本当の挑戦は、今後、このコア層からどうファンを広げていくかです。ここで気をつけなければならないのは、これまでセイコーグループが得意としてきたマス・マーケットへの訴求方法とは違った方法を取らなければならないことです。ラグジュアリービジネスのマーケティング手法は定石とは異なるものであることを理解した上で、「高品質」「希少性」などを強調しながら、より多様な層に向けて訴求し、グランドセイコーのファンを増やしていかなくてはなりません。

——グランドセイコーのブランディングにおいて、「日本」という国家ブランドをどのように生かすべきでしょうか。

その問題については、授業でも議論しています。私が投げかけるのは次のような質問です。「セイコーグループの経営陣は自社の技術力を生かし、グランドセイコーの品質を高めることに注力してきた。しかし、スイスのメーカーも同様に、技術力を高めている。つまり、グランドセイコーは機能や技術では差別化できない可能性がある。では、どのように差別化していけばいいのか」。

その答えは、生産国の強みを生かしたブランディングにあると思います。すなわち、ブランドストーリーの中に「日本」のメーカーにしか語れないことを組み入れることです。これは製品の差別化戦略としてとても重要です。なぜなら、「日本の歴史や文化をモチーフにした腕時計」をつくれば、スイスのメーカーは真似できないからです。

セイコーグループはすでにこの手法をうまく採用して、グランドセイコーのブランディングを展開していると思います。経営陣が「セイコー」をブランド名に入れることにこだわったのも、この社名が歴史や伝統を連想させると考えたからでしょう。

グランドセイコーのブランドフィロソフィは、「THE NATURE OF TIME」。これは日本の二十四節気（一年を春夏秋冬と4つに分け、さらにそれぞれを6つに分けた24の期間）や季節のうつろいからインスピレーションを受けた腕時計であることを想起させるコンセプトです。「自然」を前面に出すのは、日本のメーカーならではの感性だと思います。

私がつけているグランドセイコー「白樺」シリーズのプロモーションメッセージでは、このモデルが日本の自然をモチーフにして製造されたものであることが強調されています。グランドセイコーが生産されているのは岩手県雫石町のスタジオ。そのスタジオの近くには、日本でも有数の白樺の林があり、この文字盤はその白樺をモチーフにして型打ちされている、と説明されています。

このような「日本」のメーカーにしか語れないことをブランドストーリーに込められれば、大きな差別化要因になるでしょう。

――なぜ高級腕時計のマーケティングでは、ストーリーで訴求するのが効果的なのでしょうか。

なぜなら腕時計は、自動車などとは違って常に身につけるアイテムだからです。腕時計は極めて個人的なアイテムであり、自分の一部のような存在となります。ロレックスやオメガの腕時計が、親から子へ、あるいは、祖父母から孫へと受け継がれてきたのは、腕時計が身につけてきた人の分身のような存在だからです。

実は私が社会人になって最初に身につけた腕時計は、セイコーの「ベルマチック」でした。1971年、インドのボンベイ大学（現・ムンバイ大学）を卒業したとき、両親が卒業祝いにプレゼントしてくれたのです。文字盤の色は青。スクリューバック式の防水ケース、日付と曜日機能、アラーム機能、自動巻きムーブメントを搭載していて、当時、最先端の多機能時計でした。

以来、50年間、私はこの両親からもらったベルマチックをずっと大切にしてきました。グランドセイコーの教材を書くために、セイコーグループ本社を訪問したときにも、もちろんつけていきました。このベルマチックをつけていると、亡くなった両親のことを思い出すからです。
その後、セイコーの腕時計は私の人生にとってなくてはならない存在となり、このグランドセイコーの「白樺」シリーズをはじめ、数々のセイコーの腕時計を愛用してきました。私がいま保有しているベルマチックもグランドセイコーも、いずれは子どもたちに受け継いでもらうつもりです。

――日本のメーカーがラグジュアリービジネスを展開する際に課題となるのが「日本＝物価の安い国＝安いものをつくっている国」というイメージが定着している点だと思います。ハーバードの学生の間でもこうしたイメージは広がっていますか。

そうは思いません。私の授業では、いくつかの国の名前を黒板に書いて、「この国名からどんなイメージを想起するか」を議論することがあります。学生たちの発言を聞いていると、一般的に中国やベトナムなどは「低価格帯の製品を生産しているイメージ」、日本は「比較的高価で高品質な製品を生産しているイメージ」で見られていることがわかります。
現在のドル高・円安の影響で、日本が、外国人旅行者にとって魅力的な旅行先になっているのは事実ですが、だからといって「日本＝安いものをつくっている国」というブランドイメージが定着することにはならないと思います。
日本にとっての真の課題は「プロベナンス・パラドックス」、すなわち「日本の商品にしては高すぎる」と思って、ヨーロッパのラグジュアリーブランドの製品と同じぐらいの金額を支払うことに躊躇してしまう人がいることです。実はこの現象は日本人消費者の間にも見られます。

――では、今後、日本のメーカーはどのようにしたらラグジュアリービジネスを成長させていけるでしょうか。

まず、世界には特別な高級品に対して、いくらでも喜んでお金を払う人たちがたくさんいることを知ってほしいと思います。成功の鍵となるのは、いかに日本の伝統・文化を生かしながら、富裕層に訴求できるような唯一無二の製品を提供できるか、ではないでしょうか。
そこで参考になるのが、すでに成功している日本発ブランドの事例です。たとえば、サントリーには、「響40年」「山崎55年」といった最高級ウイスキーがあります。

これらは世界最高級のシングルモルトスコッチウイスキーと同じぐらいの値段だとサントリーのエグゼクティブから聞きました。[*11]
ウイスキーだけではありません。川久保玲など、日本人トップデザイナーのオートクチュールは高価であるにもかかわらず世界中の富裕層から人気を集めています。[*12]
このように、食品業界やファッション業界では、日本ならではのラグジュアリーブランドを構築して、成功している事例がいくつもあります。セイコーグループのように、今後、高価格帯の商品で勝負したいという日本企業には、こうした事例が参考になるのではないでしょうか。

――２０２４～２５年初頭、ドラマ『ＳＨＯＧＵＮ 将軍』が、エミー賞で18冠、ゴールデン・グローブ賞で４冠に輝き、世界のドラマ界を席巻しました。日本のコンテンツやストーリーにはどのような可能性があるでしょうか。

大きな潜在能力があると思います。なぜなら、日本独自の文化や歴史はとてつもない価値を持っているからです。ドラマ『ＳＨＯＧＵＮ 将軍』が世界から高い評価を得たのも、日本の歴史的事実に基づいたストーリーを、日本の文化を尊重しながら忠実にドラマ化したからではないでしょうか。これらを生かせば、日本ブランドが復権する可能性は極めて高いと思います。

また日本独自のストーリーは、製品の価値を大きく高めることにも貢献します。現代は技術・機能で差別化するのが難しい時代です。こうした中、感情マーケティング（顧客の感情に訴えかけることで購買行動につなげるマーケティング）という手法が取られることが多くなっています。そこで威力を発揮するのが、日本独自のストーリーなのです。

歴史を振り返ってみても、他国のメーカーが日本の製品を摸倣した製品を安価に生産し、その結果、日本のメーカーが価格競争で負けてしまったといった事例が多々見られます。ソニーが苦労して開発した薄型テレビはその最たる例でしょう。技術・機能を売りにすると、遅かれ早かれ限界が来てしまいます。

ところが、日本独自のストーリーで差別化していけば、誰も真似することはできません。韓国ドラマは世界的に大成功をおさめていますが、これはやはり韓国独自の文化や手法で勝負しているからです。同じように日本は、自らの歴史や伝統を生かしたストーリーを見つけるべきです。

日本ブランドをさらに世界に普及させるには、何よりも自身の強みである歴史や文化を理解し、それらをブランドストーリーに取り入れ、そのストーリーとともに売り出していくことが重要でしょう。

第3章

起業家精神

日本の歴史的な起業家が研究対象に

「起業家精神」（アントレプレナーシップ）は、ハーバード大学経営大学院の学生や教員間でとりわけ関心が高い分野だ。その理由は、在学中、あるいは卒業後に起業する学生の数が圧倒的に多いことにある。ハーバードの学生の50％以上が、卒業後15年以内に何らかの形で会社を起業しているという。

かつてＭＢＡプログラムの学生といえば、大手コンサルティング会社や金融機関に就職するのが通例だったが、いま、学生たちに「卒業後、どんなキャリアをめざしていますか」と聞くと、ほとんどが「起業家」と答える。とりわけ多いのが「大手企業で数年、働いてみてから、起業する」という人たちだ。中には大手企業での仕事は、起業家になるための踏み台としてとらえている人さえいる。

こうした学生たちからの要望もあり、ハーバードでは、起業や起業家精神について学ぶための講座が数多く用意されている。

起業家精神を学ぶ授業で取り扱われる事例は、圧倒的にアメリカ企業のものが多く、残念ながら、起業後進国といわれている日本の事例は極端に少ない。

それでも、ハーバードには日本人起業家や日本のスタートアップ企業に興味を持ち、研究をする教員が少なからずいる。なぜ日本の起業家精神に関心を持つのか。

その動機の1つが歴史だ。

起業家精神だけではなく、「企業の社会的目的」「ベンチャーキャピタル」など、比較的新しい学術分野の講座では、必ずといってよいほど歴史の事例がいくつか教えられている。「そもそもなぜこのような思想や制度が生まれたのか」を学ばないと、体系的に理解できないからだ。

起業家精神を研究する教員の間で特に注目されているのが、日本の明治・大正時代だ。なぜなら、現代の日本経済の繁栄の土台をつくり、なおかつ、世界のイノベーションに大きな影響を与えたのは、この時代の起業家たちだったからである。

ハーバードではなぜ岩崎弥太郎と渋沢栄一を学ぶのか

人気の選択科目「起業家精神とグローバル資本主義」を教えるジェフリー・ジョーンズ教授が、過去10年以上にわたって授業で取り上げているのが、岩崎弥太郎と渋沢栄一の事例だ。

現代の学生たちにとっての偉大な起業家といえば、スティーブ・ジョブズやジェフ・ベゾスなどになるだろうが、「日本にも素晴らしい起業家がいたことを学生たちに知ってほしい」という思いから、この2人の事例を教えているという。

使用しているのは、『岩崎弥太郎：三菱の創業』[*1]という教材だ。

興味深いのは、本田宗一郎、松下幸之助、盛田昭夫といった戦後の起業家ではなく、明治・大正時代の起業家2人を「日本代表」として取り上げていること。

その理由は主に3つある。1つめは、起業家が国の経済全体にもたらした影響や政府との関係を学習してもらいたいこと。

一人の起業家が世界へ与えた影響力を伝えるのに、岩崎弥太郎と渋沢栄一ほど格好の教材はない。著名な経営学者、ピーター・ドラッカーは岩崎弥太郎と渋沢栄一の偉業を称賛し、「この二人の業績は、ロスチャイルドやモルガンやクルップやロックフェラーの業績よりもはるかにめざましいもの」[*2]であり、「この二人だけで、日本の工業、運輸関係企業のおよそ三分の二をつくりあげたのである。たった二人の人間が、一国の経済にこれほど大きな影響を与えた例はどこにも見あたらない」[*3]と述べているほどだ。

２つめは、岩崎弥太郎と渋沢栄一の思想が対照的であること。同じ起業家でも、前者は私益を重視し、後者は公益を重視した。２人の起業家を比較しながら議論すれば、自分はどういうタイプの起業家になりたいのか、自分の出身国はどのような資本主義をめざすべきなのか、深く考えるきっかけにもなる。

３つめは、「遅咲き」の岩崎弥太郎の生き方が、今の時代の若者にとってもロールモデルとなることだ。

岩崎弥太郎が何歳のときに、何をやったのか。そのひとつひとつが、学生にとっては大きな意味を持つ。ジョーンズ教授は言う。

「岩崎弥太郎は学生のロールモデルとしてふさわしい人物だと思います。彼は30代で明治維新と起業を経験し、40代で巨万の富を築きました。最近のＭＢＡの学生たちはＩＴ

起業家たちの活躍もあり、「30歳までに何かを成し遂げて、金持ちになっていないと、人生終わりだ」と思い込んでいるもの。そんな学生たちに「30代からでも遅くない」ということを岩崎弥太郎は教えてくれるのです」

世界最高の経営学者が注目する豊田佐吉のエラーマネジメント

世界的なベストセラー『恐れのない組織』の著者であり、心理的安全性、イノベーション論、失敗学の大家として知られるエイミー・エドモンドソン教授（Amy C. Edmondson）が近著『正しい失敗：上手な失敗の科学』で紹介しているのは、トヨタグループの創始者、豊田佐吉の偉業だ。[*4]

エドモンドソン教授が特に注目したのは豊田佐吉が発明した織機の「エラーマネジメント技術」だった。なぜならこのエラーマネジメントの発想こそが、その後のトヨタグループの思想や企業文化の基礎になっていくからである。

豊田佐吉は1867年、静岡県湖西市に生まれた。父親は農業を営むかたわら、大工業を兼業していたという。佐吉は小学校を卒業するころから、大工仕事を手伝うようになり、やがて発明家をめざすようになる。きっかけとなったのは、1885年、「専売特許条例」が発布されたことだった。

佐吉は、発明のネタを探している中で、村の農家で使われている手機に目をつけ、改良をすることを思いつく。1890年には、「豊田式木製人力織機」を発明し、翌年、初めての特許を取得。その後は、ヨーロッパ発祥の動力織機の開発に没頭し、1897年に日本初の動力織機「豊田式汽力織機」を完成させた。

この豊田式汽力織機に装着されていたのが、「緯《よこ》糸停止装置」だった。

動力織機では、よこ糸やたて糸が切断した場合、ただちに運転を停止しないと、よこ糸が入れられないままにたて糸が繰り出されたり、切断したたて糸が抜けてキズとなった布が織られたりするなどの不具合が発生する。[*5] 佐吉が熱心に取り組んだのは、こうした不具合の発生を自動的に防止する仕組みを開発することだった。

佐吉は、緯糸停止装置のほか、たて糸が切断したときに自動的に織機を停止する「経《たて》糸停止装置」や、たて糸が切断しないように張力を一定に保つ装置などを発明し、動力織機を改良。次々に新しい製品を生み出していった。

この佐吉の精神は、トヨタグループの根幹をなす「自働化」の思想の起源となり、「アンドン」（設備の稼働状況や作業指示が一目でわかる電光表示盤）[*6]などをはじめ画期的なエラーマネジメントの仕組みを生み出すことにつながった。

ハーバードの必修授業では、毎年、トヨタ自動車の事例が教えられているが、授業ではトヨタ生産方式の仕組みを学ぶだけではなく、その背景にある思想を学ぶことに焦点が置かれている。たとえばアンドンについて教える際にも、なぜこういう仕組みが生まれたのか、それはどのような思想に基づいているのか、を徹底的に深掘りしていくのだ。というのも、失敗を先に報告する仕組みや失敗を財産に変えていく仕組みは、欧米企業では珍しいからだ。

トヨタ自動車が2025年1月30日に発表した2024年の世界販売台数（ダイハツ工業、日野自動車含む）は1082万台。独フォルクスワーゲン（VW）グループの902万台を上回り、5年連続で世界一となった。

ハーバードの教員たちが、日本の明治・大正時代の起業家や起業家精神に注目するのは、現代の世界に大きな影響を与えている日本企業の思想や技術の起源がここにあるからだろう。

明治・大正期、日本から世界へ広まった発明品があった

教員の中には新たな視点から日本の明治・大正時代の起業家やイノベーションに注目する人も出てきている。その一人がベンチャーキャピタル史の専門家として有名なトム・ニコラス教授（Tom Nicholas）だ。

ニコラス教授は2013年、「明治日本のハイブリッド・イノベーション」[*7]「明治・大正期日本におけるイノベーションの仲介機能と市場について」[*8]といった日本の近代資本市場についての論文を発表。これらの論文を読むと、明治・大正時代の日本がどれだけ起業大国だったかを実感する。

たとえば、ニコラス教授が指摘しているのは、明治・大正期は、西洋から日本へ文明が流入しただけではなく、日本から世界へ広まった技術・製品がたくさんあったことだ。

ニコラス教授は次のように話す。

「日本の近代化をめぐっては「西洋の文明を取り入れることによって成功した」という

のが通説となっていますが、研究を進めてみると日本で独自に開発された技術も数多くあることがわかり、驚きました」

日本から世界へ広まった発明品の中で最も有名なのは、1924年、豊田佐吉が発表した「豊田G型自動織機」。これは前述の豊田式汽力織機に改良に改良を加えて完成させたものだ。

佐吉が発明した豊田G型自動織機は海外でも高く評価されることとなる。中国、インド、アメリカなどへと輸出されると、現地の工場の生産力をどんどん向上させていった。これに対して、危機感を抱いたのはイギリスの紡織機メーカーだ。1929年、イギリスのプラット・ブラザーズは自社の重要な市場を保全するため、豊田自動織機製作所の特許権を買い取ることとした。ニコラス教授は言う。

「私はイギリス人なので、『産業革命はイギリスで起こったのだから、すべての革新的な工業製品は私たちイギリス人が発明したものである』と考えがちですが、実際には日本からイギリスにもたらされた技術もあったのです」

また、ニコラス教授によれば、造船技術の中にも日本で発明されたものが数多くあるという。三菱重工業の前身、長崎造船所では画期的な電気溶接技術や金属加工技術が開発され、世界の造船業に影響を与えた。

さらに、しょうゆの量産技術は日本で独自に発展したものだ。この時代の技術発展は主に機械産業で起こっていたと思われがちだが、実は食品産業においても重要なイノベーションが起こっていた。しょうゆの製法そのものは中国大陸から入ってきたものだが、その製造技術を飛躍的に発展させたのはキッコーマン（野田醬油）などの日本企業だった。

ニコラス教授が指摘しているのは、この時代における「個人発明家」が果たした役割の重要性だ。

御木本幸吉（真珠の養殖法を発明）、高峰譲吉（タカジアスターゼとアドレナリンを発見）、八木秀次（テレビ放送などに使用されるアンテナを発明）などの発明家が誕生し、ファッション、製薬、通信業界などの分野のイノベーションに大きく貢献した。

ニコラス教授によれば、明治・大正時代、これほど多くの発明家が誕生した要因は3つあるという。1つは、文明開化の影響を受け、知的好奇心が高まったこと。2つめは、金銭的なリターンが大きかったこと。そして3つめが明治政府による殖産興業政策に触発されたことだ。特に、金銭的なリターンは魅力的だったようだ。個人発明家はコンテストに入賞すれば賞金や報奨金を得ることができたし、仲介機関を通じて、特許を企業や個人に売ることができた。つまり一攫千金《いっかくせんきん》が狙えたのである。

第二次世界大戦後の日本は、欧米発の発明品をうまく生かし、改善することによって、破壊的イノベーションを創出してきたが、ゼロから1を生み出す発明が数多く生まれたのは、やはり明治・大正時代だったのである。

インタビュー④｜ジェフリー・ジョーンズ教授 Geoffrey G. Jones

ハーバードが今こそ学ぶ江戸・明治の起業家精神

　ハーバード大学経営大学院で経営史を研究するジェフリー・ジョーンズ教授が選択科目「起業家精神とグローバル資本主義」で取り上げているのが、岩崎弥太郎と渋沢栄一の事例だ。中でも学生が強い関心を示すのが三菱グループを創業した岩崎弥太郎の生き方だという。

　また、ジョーンズ教授が新たに注目しているのが、江戸時代の起業家精神だ。なぜなら、この時代の経済発展が、その後の日本の経済成長に大きな影響を与えたからだ。日本を代表する企業集団、三井グループ、住友グループの祖が、ビジネスを創業し成長させたのも、江戸時代だ。

　現代の学生が岩崎弥太郎に惹かれる理由、江戸時代の起業家精神などについて、ジョーンズ教授にインタビューした。

（２０２５年２月２日 インタビュー）

弥太郎か渋沢か、ハーバードが支持するリーダー像

――ジョーンズ教授は選択科目「起業家精神とグローバル資本主義」で、10年以上にわたり岩崎弥太郎の事例を教え続けています。その動機は何ですか。

私が岩崎弥太郎（以下、弥太郎）のリーダーシップについて教え続けている理由は主に2つあります。1つは、何と言っても、弥太郎がダイナミックで、豪快で、魅力的なビジネスリーダーであること。日本には素晴らしい起業家がたくさんいますが、弥太郎ほど面白いキャラクターの人はなかなかいません。

もう1つは、弥太郎の人生がMBAプログラムの学生たちに希望を与えてくれること。多くの学生たちは、近年のIT起業家の活躍を見て、「30歳になる前に仕事で成功し、世界を変えるようなリーダーにならなくては」と焦りを感じています。一方、弥太郎が明治維新と起業を経験したのは、30代。日本の国づくりに貢献し、巨万の富を築いたのは40代です。「成功を焦る必要はない。30歳までに成功できなくても、まだまだ時間はある」と前向きな気持ちにさせてくれるのが弥太郎の事例なのです。これほど学生たちのロールモデルとしてふさわしい人物はいません。

――授業では、岩崎弥太郎と渋沢栄一（以下、渋沢）のリーダーシップを比較するそうですね。学生たちの間では、どちらのリーダーシップスタイルがより支持されていますか。

以前、授業で「明治時代のような激動の時代に、国の変革を主導するには、どちらのリーダーシップが適していると思うか」と質問したときには、多くの学生たちが「混沌とした時代に大胆な改革を進めるためには、弥太郎のような独裁的で、決断力のあるリーダーが必要だ」と答えました。

一方、公益を重視した渋沢のリーダーシップスタイルについては「平和で安定した国になってから、より威力を発揮するのではないか」というのが大半の学生たちの意見でした。

私が両者のリーダーシップを比較してもらうのは、そこから現代の世界や自国が抱える問題についても深く考えるきっかけとなるからです。急速な経済成長や改革を推進するためには、本当に独裁的なリーダーシップが不可欠なのだろうか。民主主義や公益を重視した資本主義は、豊かで安定した先進国でしか享受できない贅沢品なのだろうか。弥太郎と渋沢の事例を比較すれば、このような問題にまで議論を発展させることができます。

――弥太郎は私益を重視し、渋沢は公益を重視したといわれています。なぜ2人のリーダーシップはかくも対照的なのでしょうか。

出自、生まれ育った環境はもとより、どんな書物を読み、何を学んだかが思想の形成に影響を与えていると思います。

弥太郎は土佐藩の貧しい武士の家に生まれました。父親は大酒飲みでトラブルメーカー。幼いころから「お金のある人」と「お金のない人」の格差を目の当たりにしながら、育ちました。このような幼少期の経験が、富を築き、自分自身が豊かになることへの原動力になったのは間違いありません。

また弥太郎の経営スタイルを分析してみると、階層、規律、忠誠心などが重視されていることに気づきます。これらはいずれも武士が重んじてきた価値観です。武家に生まれたこともまた、弥太郎のリーダーとしての思想に影響を与えていると思います。

一方、渋沢は豊かな農家に生まれました。日々の生活に困ることがなければ、自分が豊かになることよりも、むしろ社会全体が豊かになるにはどうしたらよいかという点に目を向けることができます。主に実学を学んだ弥太郎とは対照的に、渋沢が傾倒したのは儒教です。調和、博愛、社会貢献、倫理などを重視した渋沢の思想（合本主義）は、儒教を再解釈して確立されたものです。

イーロン・マスクはロールモデルではなくなった

――ジョーンズ教授の授業では、弥太郎がいかに政府との関係を活用して、ビジネスを築いていったかを学ぶそうですね。これは起業家のイーロン・マスク氏のビジネスの拡大手法と似ていると感じます。2人に共通点があるとすれば、どんな点でしょうか。

両者とも、政府を「自分のビジネスの利益の源」ととらえている点が共通していると思います。また、先見性があり、壮大な未来を語る能力に長けているところも似ています。

弥太郎は、日本で、ゼロから海運業を立ち上げ、マスク氏もまた火星移住計画など、一般人が思いもしないような未来型の事業を推進しようとしています。いずれもビジョナリーなリーダーであることは間違いありません。

――では相違点はどのような点でしょうか。

両者は、自らのビジネスを拡大するために、政府からの支援や補助金をうまく活用してきた点で共通していますが、政治・政治家との距離の置き方や、自国への忠誠心は大きく異なっています。

弥太郎は政府を利用しましたが、政治とは一定の距離を置き、特定の政治家に肩入れしたりはしませんでした。「政府よりも自分のほうが日本の発展のために必要なことを理解している」と信じ、政府の方針が間違っていると思えば、真っ向から反対しました。つまり、政府を利用しましたが、へつらうことはせずに、あくまでも対等に接していたのです。また、個人の利益を追求していたとはいえ、日本のために役立ちたいという思いは強く持っていて、日本の近代化と経済発展を大義として掲げていました。

弥太郎とは対照的に、南アフリカ出身のマスク氏には「特定の国の発展のために」といった発想はありません。その証拠にマスク氏がトップを務める企業はアメリカ政府だけではなく、中国政府からも多額の補助金を得ています。たとえば、テスラは中国で最初に国内での製造を認可された独資の外資系自動車メーカーであり、2023年第2四半期には、世界で販売されたテスラ車の大半は中国で製造されていたと言われています。[*9] 公金を引き出せるのであれば、どこの国の政府とビジネスをしても構わないのです。

――ハーバードの学生たちは起業家としてのマスク氏をどのように評価していますか。

ここ数年間で、イーロン・マスク氏の人気に陰りが出てきている印象をうけます。電気自動車事業や宇宙事業を次々に立ち上げていたころはロールモデル的な存在でしたが、ツイッターを買収し、大統領選挙に深く関わりはじめたあたりから、あまり支持されなくなったように思います。昨今の政治的な発言も、学生たちからは共感されていません。現時点では、マスク氏よりも弥太郎のほうがずっと社会によりよい影響を与えているというのが私の評価です。

江戸時代の起業家精神に学ぶこと

——弥太郎は明治時代を代表する起業家ですが、それ以前の江戸時代にも数多の起業家が輩出しています。なぜこれほど多くの偉大な起業家がこの時代に誕生したのでしょうか。

まず1つの要因として、江戸時代が比較的平和で安定していた時代だったことが挙げられます。戦国時代のように、各地域が分断され、不安定な状況下では、ビジネスは生まれても、成長していきません。現在、内戦を繰り返している国々の経済の状況を見れば、それは明らかでしょう。

もう1つの要因は、江戸幕府が大名を統制するために行った様々な政策が、期せずしてビジネスの発展にプラスに働いたことです。

江戸時代初期、幕府は、参勤交代の制度化、陸路・水路の交通網の整備、用水路の開削、灌漑《かんがい》施設の建設、新田開発、貨幣制度の統一などを次々に実施しました。これらの政策は、いずれも商人に多くのビジネスチャンスをもたらしました。

参勤交代の制度は、江戸、大坂、京都の都市化を推進し、大きな消費市場を生み出すことにつながりました。また諸藩の大名が定期的に江戸と行き来するために交通網が整備されたおかげで、商人はより多くのものを、より遠くへ運べるようになりました。

用水路・灌漑施設の整備や農業技術の発展は、米の生産量を飛躍的に増大させました。すると、大きな米市場で商人はより多くの米を取引できるようになりました。さらに貨幣制度の統一は、「両替商」という新たなビジネスを創造しました。これだけのビジネスチャンスを目にすれば、たとえ武士の家に生まれたとしても、商人になって、一旗揚げようと思う人が出てきても不思議ではありません。

――日本には「武士の商法」（武士が慣れない商売に手をだして失敗しまうこと）という言葉があるように、一般的に武士はビジネスが得意ではなかったと言われています。ところが住友グループの祖も、三井グループの祖も士族の出です。両者はなぜこれほど成功したのでしょうか。

何百年も続く企業グループの礎を築いた住友政友[*10]（１５８５～１６５２）と三井高利（１６２２～１６９４）は素晴らしい起業家だと思います。

武士が金銭の扱いに慣れていなかったのは、金銭に直接関わることは、武士の精神に反すると教えられ、商人などにまかせてきたからでしょう。だからといって、武士に商才がないということにはならないと思います。

住友政友や三井高利には、もともと商人としての才能があったのでしょうし、三井高利の家では、母親が商才を発揮したとも聞いていますから、女性の力も大きかったのではないでしょうか。

またビジネスを拡大していく過程では、武士の心得がとても役に立ったと思います。当時の商人のビジネスはとても複雑で多岐にわたっていましたし、多くの人々を雇う豪商になれば、高度なリーダーシップが求められました。組織を運営する術、人の能力を生かす術などは、士族の出であったことがプラスに働いたと思います。

——江戸時代の徳川15代の中で、その後の日本の起業家精神に最も影響を与えた将軍は誰だと思いますか。

私はやはり徳川家康だと思います。家康は戦国の世を終わらせ、幕藩体制を確立して、大名を統制するために様々な施策を行いました。先ほど申し上げた、参勤交代（制度化されるのは家光の時代）、貨幣制度の統一、インフラ整備、新田開発など、江戸時代の重要政策の基盤をつくったのは徳川家康です。

１６００年、関ヶ原の戦いに勝利した徳川家康は、早速、貨幣制度の統一に着手し、翌年、慶長金銀（金貨・銀貨）を発行します。また大名の江戸参勤を奨励し、諸大名の屋敷建設も支援しました。さらには治水事業を行い、米の生産量を増加させるための基盤もつくりました。

貨幣統一は、全国の大名が勝手に貨幣を鋳造することを禁じるため、江戸への参勤は、将軍のところに挨拶と御礼に来させ、徳川幕府に服属を誓わせるためでしたが、結果として、経済発展に大きな影響を与えることとなったのです。

――江戸時代の起業家が創業したビジネスは、明治時代の近代化にどのような影響を与えたと思いますか。

江戸時代の経済発展なくして、日本が近代化に成功することはなかったと思います。日本が他のアジアの国々に先駆けて近代化に成功したのは、江戸時代にすでに高度な経済市場が出来上がっていたからです。

19世紀、アジアに西洋の文化が流入してきた時、それをすぐに生かして、経済発展につなげることができた国はほとんどありませんでした。都市部は近代化できても、地方までは近代化できない、という国が多かったのです。ところが日本はより効率的に西洋の知識を生かして、国全体の経済発展につなげました。それを実現できたのは、高い識字能力と技術力をもつ人々がいたからでした。

——住友グループは創業４００年超、三井グループは創業３５０年超の長寿企業グループです。なぜこれほど長い期間、存続できたのでしょうか。

これらの企業グループが長く存続しているのは、ファミリービジネスとしてスタートしたことが大きいと思います。日本の長寿企業には主に2つの特長があります。1つは創業家・創業者の経営理念が脈々と受け継がれていることです。

第二次世界大戦後、ＧＨＱによる財閥解体で、創業家が経営に与える影響は小さくなりましたが、創業家が受け継いできた理念はそのまま残りました。住友グループ、三井グループには、それぞれ、独自の理念があり、それらは何世代にもわたって受け継がれ、グループ企業の核となってきました。

もう1つは後継者の選定・育成に成功してきたことです。同族経営企業でよく見られるのが、甘やかされて育った二代目が、ただ創業者の子どもだからという理由で経営トップに就任し、会社をつぶしてしまうことです。

一方、日本の長寿企業は、能力重視で後継者を選んできました。実子が継ぐことにこだわらず、時には優秀な人を養子に迎えたりして、ビジネスを存続させてきました。これは他のアジアの国では見られない現象です。

ファミリービジネスには、それぞれ独自の経営理念、後継者育成手法があり、経営手法があります。日本の長寿企業が何百年もの間、ビジネスを継続できたのは、それらがいつの時代にも通用するものであったからだと思います。

日本が起業家を増やすために取り組むべきこと

――日本は江戸時代から戦後に至るまで、ずっと起業大国であったにもかかわらず、現在は、他の先進国にくらべて、起業家の数、ユニコーン企業の数で後れをとっています。その理由は何だと思いますか。

まず最初に申し上げたいのは、日本は今も昔も起業家精神にあふれた国であるということです。決して起業家精神が不足している国ではありません。19世紀後半には、岩崎弥太郎、渋沢栄一など多くの起業家や発明家が活躍していましたし、第二次世界大戦後には、盛田昭夫、松下幸之助、本田宗一郎、稲盛和夫など、数多くの起業家が輩出しました。私がハーバードで岩崎弥太郎の事例を教え続けているのも、学生たちにこの事実を伝えたいからなのです。

ところが、過去30〜40年、世界的な起業家がそれほど日本から輩出していない。それはなぜなのか。この現象の背景にはいくつかの要因があります。

1つめは人口の減少です。1868年の日本の人口は3400万人で、1940年の人口は7300万人。つまり明治から戦前までの約70年で4000万人近くも人口が増えています。さらに1940年から30年間で、3000万人増え、1970年、日本の人口は1億3000万人を超えました。[*11] ところが、ここ10年間、日本の人口は減り続けています。

起業家を増やすための第1のルールは、若者人口を増やすことですが、現在、日本は人口が減り続けるという現実に直面しています。こうした中、起業家を増やすのは至難の業です。

２つめが、変革へのニーズや圧力が弱まっていることです。日本から多くの起業家が生まれた明治・大正時代と第二次世界大戦後は、いずれも欧米から大量の異文化が流入し、欧米との格差を目の当たりにした時期でした。また戦後は、国全体が荒廃し、貧困に苦しむ人も多かったため、復興への機運もうまれました。こうした時期には、ハングリー精神をもった多くの若者が国の発展のためにビジネスを起こそうとします。

私がハーバードの授業で取り上げている日清食品グループの創業者、安藤百福（以下、百福）もその一人です。百福は戦後の貧しい時代に食べるものがなく飢えに苦しむ人々の姿を見て、「食こそが人間が生きていく上で、いちばん大切なものである」と確信し、１９５８年に世界初のインスタントラーメン「チキンラーメン」を発明しました。

ところが現在の日本は、とても平和で安定していて、国の復興のために若者が立ち上がる必要もありません。食べ物は美味しいし、インフラも問題ありません。このように快適な社会だと、あえてリスクをとって起業をしたいという人は少なくなってしまいます。

3つめが、日本経済が大企業中心でなりたっていることです。三菱グループ、三井グループ、住友グループなどの旧財閥系を含め、日本には巨大な企業グループがいくつもあり、安定した就職先として若者に人気があります。すると、あえて起業しようとする人が少なくなり、スタートアップ企業に優秀な人材が集まりにくいといった問題を抱えることになります。これは日本だけではなく、財閥系企業が大きな影響を持っている韓国やトルコでも、同じような現象が見られます。

――日本からより多くの起業家が輩出するために、今、取り組むべきことは何でしょうか。

起業家を増やすには、若者の人口を増やさなくてはなりませんが、若者の人口を増やすには、出生率をあげなくてはなりません。これは時間がかかりますし、簡単なことではないと思います。

いま、日本の政府や企業が現実的に取り組むべきなのは、女性と外国人の活用ではないでしょうか。日本では、人口の半分にあたる女性の能力がいまだ十分に活用されていませんし、外国の優秀な若者たちに日本で活躍してもらうための制度や環境もアメリカほど整備されていません。

アメリカ・シリコンバレーのスタートアップ企業の多くは、アメリカ国外の出身者によって創業されています。アメリカが起業大国であるのは、有能な人々を受け入れる体制が整っているからです。日本はすでに旅行先として人気がある国です。もし多様な国籍の人々を受け入れる体制が整えば、より多くの若い人々が日本で起業したいと考えるのではないでしょうか。

また、日本には起業家として成功しうる女性がたくさんいると思います。私が今、研究対象として興味があるのは、日本の女性起業家です。現代の起業家でもいいですし、歴史上の起業家でも構いません。日本の素晴らしい女性起業家の事例を発掘して、ハーバードで教えたいと思っています。

日本らしいスタートアップ企業に興味

現在、起業家精神の授業で教えられるのはほとんどがアメリカ企業の事例であり、教員の興味も歴史的な日本人起業家に向いている印象を受けるが、日本のスタートアップ企業やＩＰＯ（新規株式公開）後の元スタートアップ企業を取り上げた教材も少しずつ出版されはじめている。

左記は近年、教材化された主なスタートアップ企業・元スタートアップ企業だ。この並びをみると、教員たちが注目しているのは主に2分野――社会課題解決型とロボティクス――であることがわかる。

【社会課題解決型サービス・ファンド】

・GLIN Impact Capital（グリンインパクトキャピタル）

２０２０年創業。

未上場企業に対してインパクト投資、ＥＳＧ投資を行う第一世代の投資ファンド。

・ネットプロテクションズホールディングス（以下、ネットプロテクションズ）
２０００年創業。２０２１年株式上場。
現金後払い決済サービスのリーディングカンパニー。

・ＩＢＪ（アイビージェー）
２００６年創業。２０１２年株式上場。
結婚相談所や婚活パーティー、婚活アプリ、結婚相談所プラットフォーム等を運営。

・スペースマーケット
２０１４年創業。２０１９年株式上場。
空きスペースの時間貸し仲介サイトを運営。

【ロボティクス】
・Ｔｅｌｅｘｉｓｔｅｎｃｅ（以下、テレイグジスタンス）

2017年創業。
遠隔操作・人工知能を活用したロボットを開発。

• avatarin（以下、アバターイン）
2020年創業。
ANAホールディングス傘下のロボット開発スタートアップ。

なぜわざわざ日本のスタートアップ企業や元スタートアップ企業を研究したいと思うのか。その理由を聞いてみると、アメリカ発の企業にはない独自性が面白いと感じていることがわかる。

たとえば2000年創業のネットプロテクションズが最初に提供したのは、商品を受け取ったあとで、コンビニ・銀行・郵便局などで支払うことができる決済サービス「NP後払い」だった。

このようなサービスは、現金主義の日本だからこそ、生まれたサービスだろう。日本ではいまだに「即時現金払いのみ」の店舗が見受けられるが、欧米ではほとんど見当たらない。この日本の決済方法の多角化に貢献したのが、ネットプロテクションズだった。

ネットプロテクションズを取り上げた教材『ネットプロテクションズ』[*12]を執筆したラモン・カザダスス＝マサネル教授は、同社に注目した理由を次のように話す。

「この事例を教材にしようと思ったのは、企業戦略だけではなく、日本社会が抱える課題についても学ぶことができるからです」

ネットプロテクションズの事例は、企業戦略の授業や、日本のスタートアップ企業について学ぶ授業などで取り上げられている。

議論の主題は、「NP後払い」を普及させた後の成長戦略。授業ではこの教材をもとに、自分がネットプロテクションズの社長だったら、どんな新商品・新サービスを展開するか——現状の「NP後払い」にさらに機能を追加するのか、あるいは、新たなサービスを展開するのか——などについて議論する。

ネットプロテクションズの事例から垣間見えるのは、いかに日本独自の文化がビジネスの創出に影響を与えているかだ。カザダスス＝マサネル教授は「学生には経営戦略の本質とともに日本のビジネス環境の複雑性についても深く学んでほしいと思います」と話す。

「お見合い」ビジネスに学生たちはどう反応したか

カザダスス＝マサネル教授が２０２３年に教材に取り上げたＩＢＪ[*13]もまた、日本独自のビジネスを展開する企業だ。

ＩＢＪは結婚相談所ネットワークシステムの開発及び運営を目的として２００６年に設立。結婚相談所の開業・運営支援、直営結婚相談所や婚活パーティー、婚活アプリの運営などを展開する婚活サービス最大手の企業だ。近年、サンマリエ、ツヴァイを買収するなど、拡大路線を進め、２０２５年２月時点で、加盟店は４５００を超える。

ＩＢＪのビジネスの目的は、日本の未婚化・少子化問題の解決に貢献すること。こちらもまた、ネットプロテクションズ同様、日本の社会課題の解決を存在目的として掲げている。カザダスス＝マサネル教授は同社の事例を教材化した動機について次のように話す。

「私は現在、「世界各国の伝統的な文化や制度がビジネスモデルの創出や戦略の立案にどのような影響を与えるのか」というテーマでさまざまな企業の事例を研究していますが、ＩＢＪは日本の伝統的な文化である「お見合い」を現代風にアレンジしたビジネスを展開しているところが面白いと思いました」

ハーバード大学経営大学院の授業で議論するのは、同社の競争優位性と成長戦略だ。２０２０年3月11日、ＩＢＪは、イオン子会社のツヴァイを買収し、完全子会社にすると発表した。こうした中、新型コロナウイルスの感染拡大が深刻化。対面事業を基本とする婚活サービスに影響を与えるのは必至だった。授業では、自分がＩＢＪの社長だったら、どのように今後の戦略を展開するか、を考えていく。

カザダスス＝マサネル教授が、２０２３年の秋学期、早速、選択科目でこの事例を教えてみたところ、デジタルトランスフォーメーションやマッチングサービスなど、学生たちが興味を持っている題材が満載だったことから、議論も盛り上がったそうだ。

ただ1つ、誤算だったのが、学生たちはオンラインの「マッチングサービス」には馴染みがあるものの、「お見合い」という制度には、ピンときていなかったこと。カザダスス＝マサネル教授は言う。

「ハーバードの学生の多くは欧米出身者ですから、日本の「お見合い」という文化には興味を持っているものの、結婚相談所、仲人、親族などの第三者を通じて自分の結婚相手を探すという制度にはあまり馴染みがない様子でした。今後、この事例を教える際には、お見合いについての理解を深めてもらえるよう、ビデオを用意しておこうと思います」

経済学の新領域「マーケットデザイン」

「マーケットデザイン」という経済学の新しい分野があるのをご存じだろうか。

簡単にいえば、ヒト、モノ、カネなどのリソースを望ましく配分するために、どう社会制度を設計（デザイン）すればいいのかを考える学術分野だ。ミクロ経済学、ゲーム理論、コンピューターサイエンスなどの知見を駆使した「マーケットデザイン」の理論は、世界中のＩＴビジネスに取り入れられ、社会問題の解決に貢献している。

「マーケットデザイン」がにわかに注目を集めたのは、２０１２年。米ハーバード大学のアルビン・E・ロス教授と米カリフォルニア大学ロサンゼルス校のロイド・シャプレー名誉教授がノーベル経済学賞を受賞したことだった。2人の専門は、「適材適所」を実現することを目的とする「マッチング理論」。「マーケットデザイン」という新しい分野を切り開いたことが評価されての受賞だった。

さらに2020年には、米スタンフォード大学のポール・ミルグロム教授、ロバート・ウィルソン教授が、オークション理論の発展と新しいオークション形式の発明に貢献したことでノーベル経済学賞を受賞。このオークション理論もまた「マーケットデザイン」の一分野だ。両教授は電波の周波数の割り当てなど、従来の方法では売ることが難しかったモノやサービスを対象にした新たなオークションの制度設計を行い、世界中の納税者に利益をもたらした。

2020年9月には、東京大学にもマーケットデザインセンター（UTMD）が新設。日本国内でも本格的に研究がはじまり、日本の経済成長への貢献が期待されている。

ハーバード大学経営大学院のスコット・デューク・コミナーズ教授（Scott Duke Kominers）は、「マーケットデザイン」研究の第一人者だ。コミナーズ教授は2022

年、35歳の若さで同校の教授に就任し、世界の経営大学院の40歳未満の教員の中でもトップクラスの研究業績を持つことで知られている。

そのコミナーズ教授が、マーケットデザインの観点から注目したのが日本発のマッチングビジネスだった。２０１９年にラクスル、21年にエニグモ、22年にスペースマーケットの事例を立て続けに教材化。コミナーズ教授は、「これまで多くの市場を研究してきましたが、日本のマーケットプレイス（売り手と買い手が自由に参加できるインターネット上の取引市場）の独創性には驚かされるばかりです」と話す。

コミナーズ教授によれば、教材に取り上げたラクスル、エニグモ、スペースマーケットの３社を含め、日本のマッチングビジネスには共通して次の３つの強みがあるという。

いずれもこの種のビジネスを成功させるために不可欠な要素だ。

(1)創造性
(2)既存のサプライヤーの能力を引き出すネットワークの構築力
(3)インセンティブ・アラインメント（運営会社とユーザーの利害が一致するようなプラットフォームを提供していること）

では、具体的にどのような点が「日本独特」なのか。ここでは最新のスペースマーケットの事例[*14]をコミナーズ教授の解説をもとに紹介したい。

日本発の斬新なマッチングビジネスが教材化

2014年創業のスペースマーケットは、「スペースを借りたい人」と「スペースを貸したい人」をオンラインでマッチングするサービスを提供する企業だ。

ウェブサイトに掲載されているのは、会議室、古民家、自宅の一部、寺、スタジオ、カフェ、体育館などあらゆる空きスペース。借りたい人は1時間単位で借りることができ、パーティー、ビジネス、撮影、教室など、何に使用しても構わない。ビルの屋上で、誕生日会やコスプレの撮影会を開催してもよいし、古民家を借りて家族の食事会やドラマ・映画などの撮影に利用してもよい。

コミナーズ教授が、スペースマーケットのビジネスモデルがユニークだと感じたのは、この「スペースを何に使用しても構わない」としている点だった。「世の中には遊休生産能力（Slack Capacity）を活用した多種多様なマッチングビジネスが存在しています。スペースマーケットのビジネスモデルが私にとって斬新だったのは、利用者にスペースの用途を委ねている点です」と言う。

たとえば、民泊仲介大手のエアビーアンドビーが目指しているのは、基本的にはホテルの代替ビジネス。つまりターゲットとしているのは旅行者。プラットフォーム上で提供しているのは「宿泊するための部屋」だ。

一方、スペースマーケットがターゲットとしているのは、そのスペースが存在する場の近くに住むすべての人たち。提供しているのは一軒家、レストラン、ホテルの部屋、などありとあらゆるスペース。そしてそのスペースの使い方を限定していないところが、エアビーアンドビーとの大きな違いなのだ。

なぜエアビーアンドビーが、用途を「宿泊」に限定したのかといえば、起業家が新たなマッチングビジネスを創業しようとすると、たいていの場合、投資家などから「できる限り取引に参加するサプライヤーと利用者を限定させなさい」と助言されるからだという。なぜなら、ゼロから新たなサプライヤーと新たな利用者を見つけて、マッチングさせるのは一筋縄ではいかないからだ。

コミナーズ教授は「スペースマーケットのビジネスモデルは独創的かつ「エレガント」。だからこそ経済学の観点から研究してみようと思いました」と話す。

エアビーアンドビーは２０２０年、株式を上場し、25年2月末日時点で、その時価総額は約13兆円。マッチングビジネスは成功すると、とてつもなく大きな経済効果をもたらすことができる。

世界的な経済学者から研究対象とされている日本独自のマッチングビジネス。どこまで世界に広がっていくかが注目される。

ものづくりベンチャーへの熱い視線

２０２４年6月に実施されたハーバード大学経営大学院の教員研修でも、スタートアップ企業の視察に多くの時間が割かれた。今回、教員たちが東京で訪問したのは2社。日本を代表するものづくりベンチャーのキャディ（東京・台東区）とＭｕｊｉｎ（ムジン、東京・江東区）だ。
２０１７年創業のキャディは、「モノづくり産業のポテンシャルを解放する」をミッションに、製造業に変革をもたらすクラウドサービスを提供している気鋭のスタートアップ。ハーバードの卒業生、芳賀亮太氏（Ryota Haga, Class of 2015）が同社取締役ＣＦＯ（最高財務責任者）を務めていることもあり、視察先に選出された。

キャディの主業は、製造業ＡＩデータプラットフォーム事業。図面、ＣＡＤ（キャド）、仕様書、コスト、品質データ等、製造業に不可欠なあらゆるデータを収集・解析し、様々なアプリケーションを開発し、国内外のメーカーに提供している。これらのアプリケーションを使えば、顧客は日々の業務を効率化したり、営業力を向上させたりすることが可能になるという。現在の主力アプリケーションはキャディドロワー（CADDi Drawer）。独自の画像解析アルゴリズムにより、高度な図面検索を可能にした製造業データ活用クラウドだ。

教員一行は、２０２４年６月18日、キャディの本社を訪問。小さな会議室はすぐに「白熱教室」のような様相になったという。

芳賀氏らが、板金加工から始まり、製造業ＡＩデータプラットフォーム事業へと変遷していった7年間の歴史を紹介しながら、日本の製造業界を変革したいという熱い思いを語ったところ、大反響。教員たちから矢継ぎ早に質問が飛んできた。

教員たちが特に興味を持っていたのは、キャディが提供する製品やサービスの競争優位性だった。

芳賀氏によれば、アメリカにも似たようなサービスを提供している会社はあるが、「製造業データ活用クラウド」のような専門的なサービスを提供している会社はないのだという。なぜなら、こうしたサービスは実際にものづくりの現場で働いたり、製造業に関わる深い知識を持ち合わせていないと開発できないからだ。ある意味、世界最高峰のメーカーがひしめく日本だからこそ、生まれたビジネスともいえるのだ。

プレゼン終了後は、芳賀氏に追加の質問をする教員もいて、日本発のものづくりベンチャーに興味津々の様子だったという。

キャディは2023年にアメリカに進出。ズーム・コミュニケーションズ、SAP、セールスフォースなど、世界的なSaaS企業はアメリカ企業ばかりだが、日本で生まれた独自のプラットフォームがどれだけ世界に広まっていくのか、その前途が期待されている。

ロボティクス企業で教員から殺到した質問とは

翌日、6月19日には、2011年創業のロボットベンチャー、Mujinの東京本社を訪問。

ロボティクス系のスタートアップ企業に注目するのは、当然のことながら、日本がロボット大国だからだ。ハーバード大学経営大学院の教員に「日本が世界をリードしていると思う分野は何か」と質問すると、必ず挙がるのが「産業用ロボット」だ。2024年に発表された調査レポート[*15]によれば、日本は世界のロボット生産の38%を担う世界有数のロボット製造国であり、世界第2位のロボット稼働国でもある。

すでに、CYBERDYNE（サイバーダイン）、ファナック、ソニーグループの事例が教材化されていることからも分かる通り、日本のロボティクスは常にハーバードの教員から研究対象として注目されてきた。

最近では、2021年に、ANAホールディングス傘下のロボット開発スタートアップ、アバターイン、２０２４年に、遠隔操作・人工知能を活用したロボットを開発するテレイグジスタンスの事例が教材に取り上げられている。

アバターインは、２０２２年に第４回日本オープンイノベーション大賞内閣総理大臣賞を受賞。テレイグジスタンスは、アメリカの半導体メーカー、エヌビディアが選ぶ「世界を変えるロボット5選　２０２２」（Top 5 Robots of 2022: Watch Them Change the World）[*16]に選出。いずれも日本を代表するロボットベンチャーだ。

今回の教員研修でＭｕｊｉｎが選ばれたのは、「次の研究対象候補」として関心を集めているからだろう。

Ｍｕｊｉｎは、これまで技術的に難しかった物流・製造現場の作業を自動化する、世界唯一の「汎用的知能ロボットコントローラ」を開発したことで知られている。このコントローラを産業用ロボットに接続するだけで、ロボットを〝知能化〟することが可能になり、設定作業などにかかる時間を大幅に短縮することができる。

こうした世界最先端の技術を生かしたスタートアップ企業であることから、さぞかし技術戦略や製品戦略の話で議論が盛り上がったことだろうと思いきや、意外にも教員たちからは「採用戦略」や「人事管理」など、人事・組織に関する質問が数多く出たという。

同社の担当者によれば、教員たちが特に興味を示したのは、Ｍｕｊｉｎの本社で働く社員のおよそ半分が外国人であること。日本国内でこのような多国籍組織の企業は珍しい。「なぜ優秀な人材を世界中から採用することに成功しているのか」「英語と日本語、どのように使い分けているのか」「どのように多様な国籍・経歴の人々の能力を生かしているのか」といった質問が相次いだという。

逆に「Ｍｕｊｉｎから日本企業らしさを感じた」というのがアシュリー・ウィランズ准教授。「欧米流の人事戦略・組織形態を導入しながらも、日本のロボット産業のエコシステムを重視し、自社だけではなく、業界全体の発展に貢献することを志しているのが、とても日本的で興味深かったです」と話す。

競争の激しいロボットベンチャー業界で生き残るのは至難の業。その中でＭｕｊｉｎは２０１１年の創業以来、確実に成長を続けている企業だ。近年は海外展開を加速させており、海外売り上げも順調に伸ばしている。その秘訣は、欧米企業と日本企業の両方の「いいとこ取り」をしていることだろう。

第４章

人的資本経営

ハーバードの「働き方の未来」研究で注目される日本

ハーバード大学は2021年、ハーバード大学経営大学院、ハーバード大学ケネディ行政大学院、ハーバード大学教育大学院から研究者を集め、学部横断型の「労働力研究プロジェクト」を発足させた。これを皮切りに、近年、学内では「働き方の未来」（Future of Work）を研究するプロジェクトが次々に発足している。

なぜ、ハーバード大学はこれほど本腰を入れて、この分野の研究を推進しているのだろうか。

このプロジェクトのリーダーを務めるハーバード大学経営大学院のジョセフ・フラー教授（Joseph B. Fuller）はその理由は2つあるという。

1つは、「働き方」が、今後のアメリカの国際競争力に大きく影響すること。その証拠に、これらのプロジェクトは「アメリカの国家競争力研究プロジェクトの一環」として位置づけられているという。

「国や企業が成長していく上で、重要な鍵を握るのが人的資本です。ビジネスの未来は人間の働き方の未来にかかっているといっても過言ではありません」とフラー教授は話す。

第４次産業革命の進展により、ＡＩや機械によって労働の代替が進む中、企業の競争力の源泉が、「モノ」や「カネ」から「ヒト（人材）」へと移りつつある。これからは、どれだけ優秀な人を集め、効率的、かつ、幸せに働いてもらえるか＝働き方が、勝負となるのだ。逆にいえば、人的資本経営を実践できない企業は、生存できなくなるかもしれない。

もう１つは、アメリカ国内に働き方についての学部横断型の研究、未来志向型の研究が不足していること。こうした中、アカデミックの分野から、経営者や政策立案者に役立つようなアイデアを提供しようと考えた教員たちが結集。学部横断型のプロジェクトが発足した。

そのフラー教授が、プロジェクト設立に先駆けて研究していたのが日本人の働き方だった。

２０１９年にはすでに、教材『日本の人口動向と働き方の未来』[*1]を出版。この教材を執筆したのは、学生が出身国や世界の働き方の未来を考える上で、日本の事例が先行指標になると思ったからだった。

日本は先進国の中でも際立って従属人口指数*2の高い国だ。また少子高齢化の進展によって生産年齢人口は減り続けている。つまり、アメリカ、中国、ヨーロッパ諸国などよりも先に高齢化社会の課題を経験している国なのだ。

移民の国、アメリカは、総人口に占める高齢者の割合は他の先進国と比べても低いが、トランプ政権の保護主義政策によって移民が減少すれば、いよいよ高齢化が進むことになるかもしれない。

なぜ岐阜県の中小企業の事例を学ぶのか

『日本の人口動向と働き方の未来』の中で興味深いのは、日本の地方企業の事例がいくつか紹介されていることだ。

代表的なのが、岐阜県中津川市のプレス板金部品の総合加工メーカー、加藤製作所。創業は1888年。鍛冶屋「かじ幸」からスタートした老舗企業だ。ボーイング787

型機の部品や三菱自動車の「パジェロ」の部品を製造していることで知られ、この分野では日本屈指の技術力を誇る。

加藤製作所が日本国内で有名になったきっかけは、シニア人材に特化した採用活動を実施したことだった。

本格的に高齢者採用をスタートさせたのは２００１年。

当時、絞り加工、曲げ加工、順送加工など多彩な加工技術を持つ同社には、大手航空機メーカーや自動車メーカーなどからの注文が相次いでいた。ところが過疎化が進む中津川市内ではなかなか思うように人材を採用できず、働き手不足のため工場を稼働できない状況にあった。

工場を毎日、稼働するにはどうしたらよいか。

そこで新たな人材マーケットとして目をつけたのが、地元の高齢者だった。まずは、土曜日、日曜日、祝日に、１日、４時間以上働ける人を募集することにした。

「意欲のある人求めます。男女問わず。ただし年齢制限あり。60歳以上の方。」

募集チラシを市内で配布したところ、大反響。１００人以上のシニアが面接にやってきた。２００２年４月から、やる気のある優秀なシニアがアルバイトで働くことになり、工場の生産性もぐんぐん上がっていった。

その後は、照明を明るくしたり、文字を大きくしたり、ブザー音をわかりやすくしたりするなど、シニアの意見を取り入れながら、環境改善を推進。また部品の配置位置、作業台の高さなど、提案があれば、その都度、改善していった。

その結果、「平日も働きたい」「フルタイムで働きたい」というシニアが増え、現在のシニア社員数は45名。これは全従業員94名のおよそ半数にあたる（２０２４年2月時点）。

高齢化問題を抱える米国州の先行指標となる日本

『日本の人口動向と働き方の未来』では日本の高齢者活用の事例がいくつか紹介されているが、特に加藤製作所の事例が学生たちから反響があったという。

この教材は、ＭＢＡプログラムとエグゼクティブプログラムの両方で使用されているが、それぞれ議論をする視点が異なっているのが面白い。

フラー教授によれば、ＭＢＡの学生たちがどちらかといえば起業家や投資家の目線から見る一方で、エグゼクティブは企業の管理職や役員の目線から見る傾向にあるそうだ。

ＭＢＡの学生たちが考えるのは、「加藤製作所のような高齢者雇用企業に必要なソフトウエア、センサー、装置は何だろうか」「社員が長く働くために不可欠なのは親や配偶者の介護サービスだが、どんなサービスを新たにつくればよいだろうか」「加藤製作所のように、採用で苦労している地方の中小企業を支援するビジネスを創出できないだろうか」といったことだ。

日本のシニア活用の事例など、20～30代の学生たちにとってはあまりにも遠い話で、興味がなさそうにも思えるが、意外なことにアメリカでも、ウィスコンシン州やミシガン州をはじめ、人口の高齢化問題を抱えている州があり、自分ごととしてとらえて発言する学生も多いという。

また、ベインキャピタルやＫＫＲなど、プライベートエクイティの会社に就職すれば、投資家として、将来、中小企業の役員に就任する可能性は十分にある。こうした学生たちにとっては「自分が同族経営企業の経営者になり、同じような問題に直面したら、どうすればよいのか」を考える良い機会になる。

一方、エグゼクティブプログラムの受講者は、管理職や役員の立場から「退職年齢を決めてしまうことが果たして正しいのだろうか」「社員の大半が高齢化してしまったら、企業は社員のために、どのような投資をしなければならないだろうか」といった問題を考えていく。

フラー教授が問題だと思っているのが、第4次〜第5次産業の時代を迎えているのに、生産年齢人口が増え続けることを前提とした第2次産業時代のルールが、そのまま適用されていること。

「私が学生や企業のリーダーに最も学んでほしいのは、過去の働き方のルールはもはや通用しないということです。産業構造も人口構造も大きく変わっている中、第2次産業時代の働き方のルールはもはや過去の遺物です。私たちは新しい現実に即した新しい基準をつくっていかなくてはなりません」と話す。

それを伝えるのに日本の教材は格好の先行指標となっているという。

悩めるシニアが欧米でも社会問題に

日本企業のシニア活用について教員が興味を持ち始めている背景には、日本と同じように欧米でも「不幸な中高年」が社会問題となっていることがあるかもしれない。

２０２５年1月2日、年始早々、英誌「エコノミスト」が配信したのは、「なぜ55歳以上の人たちが、新たな問題世代となっているのか」という記事だった。[*3]

記事では、ヨーロッパ諸国、アメリカ、オーストラリアのデータをもとに、他の世代よりも、55歳以上の薬物依存者数、アルコール依存者数などが増加傾向にある現実を詳細に伝えている。

その大きな要因として挙げられていたのは、この世代が欧米ではベビーブーム世代にあたり、他の世代よりも将来に対して悲観的で、自分のことを不幸だと思う傾向が強いことだった。

特徴的なのは、不幸の原因が「お金がないこと」ではないこと。経済的にも余裕のあるリタイア世代が、そのお金を薬物やアルコールなどに使い、ますます不幸になるという負のループが生まれている。

こうした背景から、近年、アメリカでは、「退職後、幸せな人生を送るにはどうしたらよいのか」をテーマにした書籍が続々と出版されている。

中でも全米で社会現象となったのは、ハーバード大学経営大学院のアーサー・ブルックス教授（Arthur C. Brooks）のベストセラー『人生後半の戦略書』[*4]だ。

この本は、不幸な元英雄の話からはじまる。

ブルックス教授が、ロサンゼルスから首都ワシントンへと向かう深夜便に乗っていたときのこと。真っ暗な機内で、後ろの席から「もう誰からも必要とされていないなんて、そんなこと絶対にないわよ」「お願いだから「死んだほうがましだ」なんて言わないで」という女性の声が聞こえてきた。どうやら女性は男性の妻らしかった。ブルックス教授は、横の男性がどんな男性か想像をしはじめた。おそらく望まぬ仕事に就き、「起業したい」「学校で学び直したい」といった夢も叶えられず、最後には会社から退職を勧奨されてしまったような人ではないかと。着陸後、明るくなった機内で「どんな人が後ろの席に座っていたのだろうか」と気になってふと見てみると、そこには、アメリカ人なら誰もが知る国民的英雄が座っていた。[*5]

ハーバードの教授が警鐘を鳴らす「成功依存症」

アメリカでは、仕事で成功した人が、現役を退いた後、不幸になってしまう事例が後をたたない。ブルックス教授は、富、権力、名声をひたすら追い求める現象を「成功依存症」と名付け、これが不幸の源だと指摘している。

ブルックス教授自身もまた、成功依存症だった。ブルックス教授は次のように話す。

「私は子どものときからずっと「成功者」になりたいと思っていました。富、地位、名声を得れば、必ず幸せになることができると思い込み、ひたすらこれらを追い求めていました。本書では私のような人のことを「ストライバー」（Striver＝社会的な成功をめざして、がむしゃらに働き続ける人）と表現していますが、私も若い頃はまさに勤勉に努力し続ける人生を歩んでいました。その結果、私は早くにアメリカ有数のシンクタンクの所長となり、著書をいくつも出版し、はたからみれば社会的な成功をおさめることができました。にもかかわらず、所長時代の私は全く満たされていなかったし、幸せでもなかったのです」

目標をすべて達成したのに、自分は幸せではなかった。それはなぜなのだろうか、という思いから、自分のために『人生後半の戦略書』を書いたのだという。

ブルックス教授は「お金、肩書、名誉をひたすら追い求める「成功依存症」の最大の問題は、永遠に自分の人生に満足することができないことです。「これだけ報酬を得たら、この地位についたら、幸せになれるだろう」と信じて努力するわけですが、実際にそれらをすべて手に入れてみても全く満足しない。むしろもっと上があると思ってしまう。これは私自身が過去に経験したことです」と話す。

シニア世代が人生後半を幸せに生きるにはどうすればよいのか。

この問いに対する答えを世界中の人たちが探している。

「イキガイ」ブームと新幹線清掃会社テッセイ

不幸なシニアが増える中、世界中で大流行している日本語がある。それが「イキガイ」だ。

アメリカでもヨーロッパでも、「イキガイ」という言葉は、そのまま使われている。そのぐらい広まっている言葉なのだ。

ブームのきっかけとなったのはスペイン人の著者2人が2017年に出版した『IKIGAI』[*6]という本だった。著者らは、「どうすれば長く、幸せに生きられるのか」をテーマに、長寿の村として有名な沖縄県大宜味村の百歳前後の人たち、約100人を取材。食生活、日々の活動、働き方、人との付き合い方を分析し、この村の人たちが長く幸せに生きている秘訣が「生きがいをもって生きていること」であることを発見した。

本書は世界中でベストセラーとなり、「イキガイ」ブームが一気にわきおこった。

現地の日本人学生によれば、ハーバードの学生の間でも、「イキガイ」という言葉は広く知られているそうだ。

実際、日本人学生が新幹線清掃の専門会社、JR東日本テクノハートTESSEI（テッセイ）の事例を学ぶ授業で、「リーダーが清掃スタッフの意見に耳を傾け、仕事を通じて生きがいを感じられるような会社に変革したことが、再生に成功した要因ではないか」と発言したところ、授業後、周りの学生たちから「あの発言はよかったよ」と称賛されたという。

このテッセイの事例がハーバードの教材になったのは、米ＣＮＮなど、海外メディアで紹介されたことがきっかけだ。

華やかな制服に身をつつんだ従業員が、わずか7分で新幹線の全車両とトイレの清掃を終わらせる。この光景はまるで劇場のパフォーマンスのようだ、と大きく取り上げられた。

実はテッセイは２００５年まではトラブル続きの会社だった。そこに当時、取締役経営企画部長に就任したばかりの矢部輝夫氏が大改革を実行したことで、驚くような変貌を遂げていく。

そのときに矢部氏がとった手法の1つが、「社員に働きがいを感じてもらうこと」だった。

テッセイの事例が、長年、ハーバードの必修授業で教えられているのも、この物語が、「何のために働くのか」「働く喜びとは」といった根源的な問題を問いかけているからだろう。

テッセイで働いている清掃スタッフの大半は中高年。しかも、テッセイで働く前は、働きがいを感じられる職場を経験していなかった人も多い。この人たちが仕事を通じて、どのように自信や尊厳を取り戻し、再生していくのか。それを学べるのが、テッセイの事例なのだ。

日本人学生に影響を与える幸福論を学ぶ授業

どのようにしたら幸せに生きられるのか。

ハーバード大学経営大学院には、この普遍的な、かつ、根源的なテーマを考える講座がいくつもある。

周りの人を幸せにするリーダーになるには、自分がまず幸せになることが先決だ、という理念が広く浸透しているからだ。

ＭＢＡプログラムには、「あなたの人生を構築する：卒業後10年間の生き方」と「リーダーシップと幸福」という2つの幸福論を学ぶ選択科目がある。

「あなたの人生を構築する」は、自分の人生を内省したり、同校の卒業生の経験談を聞いたり、自らの生い立ちやこれまで大切にしてきた価値観をクラスメートと共有したりしながら、「自分はどういう人生を送りたいのか」を考えていく授業だ。

受講した中山将太氏（Shota Nakayama, Class of 2023）は、「経済的な成功を最優先にせず、家族との時間を何よりも大切にして、仕事の内容や住む場所を決めていた卒業生の話が最も印象に残りました」と言う。

よく言われているように、幸せの尺度は人それぞれ。卒業前に、自分にとっての幸せな人生とはどんな人生かを定義し、戦略を立て、幸せな人生の実現に向けて行動する、という授業は、多くの学生の記憶に深く刻まれていく。

「リーダーシップと幸福」は前出のアーサー・ブルックス教授が教えている選択科目だ。その開講目的は、20〜30代の学生たちにハーバードを卒業してからの長い人生を幸せに過ごすための知識や手法を身につけてもらうこと。授業では、幸福と不幸の違い、感情のコントロール方法、リーダーになったときの孤独との向き合い方、金銭欲・名誉欲のコントロール方法、生きがいの見出し方などを学んでいく。

中高年世代が受講するエグゼクティブプログラムには、この「リーダーシップと幸福」に加え、より深く自分自身の人生の目標を掘り下げる個人コーチングのセッションも設けられている。

同校の代表的なエグゼクティブプログラム「AMP」（アドバンスト・マネジメント・プログラム）に参加したAGCオートモーティブ・アメリカ（米・ミシガン州）のヴァイス・プレジデント、松澤宏氏は「ハーバードのエグゼクティブプログラムには自分自身を深掘りするための授業やセッションが多く組み込まれていて、これほど自分、自社、自国について考えさせられたことはありませんでした」と振り返る。

あなたはなぜ今、ハーバードで学んでいるのか、あなたはどういう人間なのか、何をめざしているのか――自分の内面を深く掘り下げる作業は、タフだったが、貴重な体験だったという。

ハーバードで「幸福」について学ぶ授業が増える中、イキガイを持って長く幸せに生きている日本人の事例が、今後も注目されていくことだろう。

オムロン京都太陽が視察先に選ばれた理由

シニア活用だけではなく、障がい者活用の点から、日本企業に興味を持つ教員もいる。

2020年のパンデミック以降、アメリカでは「いかに障がい者の能力を業績アップに生かすか」をテーマとした研究が盛んに行われるようになった。というのも、パンデミックを機にリモートワークが普及し、障がい者の雇用が急激に進んだからだ。

2020年2月から23年8月までにアメリカで新たに雇用された障がい者は190万人。これは全新規雇用者の57%にあたるという。[*7] 障がい者の活用は、「ダイバーシティとインクルージョン」の観点からだけではなく、経済性の観点からも注目されつつある。なぜならIT関連などの仕事でこれまで眠っていた才能を開花させ、卓越したアプリケーションやサービスを開発する人たちが後をたたないからだ。

2024年6月21日、研修で来日したハーバード大学経営大学院の教員一行が訪問したのは、障がい者雇用推進企業、オムロン京都太陽(京都・南区)だった。

オムロン京都太陽は、オムロンと社会福祉法人太陽の家の共同出資会社だ。

「保護よりも機会を(No Charity, but a Chance!)」を理念に掲げる太陽の家の創設者、中村裕と、「われわれの働きで、われわれの生活を向上し、よりよい社会をつくりましょう」を理念に掲げるオムロンの創業者、立石一真の出会いを機に、1985年、京都市に設立された。

従業員数は63名、うち36名が障がい者だ。[*8] ここではソケット、センサー、体温計、血圧計など、主に「小ロット・多品目・多工程」で、手作業でなければ作ることができない製品を生産している。

オムロン京都太陽のモットーは、「『できないこと』をできないで終わらせず、誰もが生き生きと働ける職場を作ること」。つまり「業務に人をあわせるのではなく、人に業務をあわせる」という考え方がすべての社員の指針となっている。

たとえば、車椅子を使用している社員に製品梱包作業を担当してもらうことになれば、他の社員たちが知恵を寄せ合い、手の届かない場所にあるダンボールを空気で吸い上げて手元まで運ぶ器具を開発する。このように、オムロン京都太陽の社員にとって、一人一人が業務を円滑に遂行できるような環境づくりや制度づくりをすることは特別なことではなく、当たり前のことなのだ。

教員たちは、オムロン京都太陽で会社の理念、歴史、障がい者に能力を発揮してもらうための様々な取り組みなどについて説明を受けたのち、工場の現場を見学したという。

英語が苦手な人の気持ちに寄り添うハーバードの学生たち

かつて、日本への研修旅行といえば、自動車メーカーや家電メーカーの展示場や工場を見学するのが定番だった。ところが、現在は、「企業の社会的目的」や「ダイバーシティとインクルージョン」が学べる現場を見学したいというニーズが高まっている。その背景には、これらのテーマを取り上げた事例を教えると、学生たちの反応がとても良いことがある。

２０２４年８月に入学した日本人学生によれば、秋学期、日本企業の事例を取り上げた授業の中で、最も盛り上がったのは、楽天の英語公用語化について学ぶ授業だったそうだ。

この事例が教えられているのは「リーダーシップと組織行動」。本来は三木谷浩史社長の大胆な「変革リーダーシップ」について議論することを目的としているが、２０２４年秋学期の授業では、「ダイバーシティとインクルージョン」の視点から、「社内で英語の使用を強制することは、多様性の観点から見て正しいのだろうか」「英語が苦手な人を取りこぼしてしまうおそれがあるのではないか」といった発言をした学生が多かったという。

日本人学生によれば、いまの学生は、ダイバーシティ、職場環境、キャリア形成、生き方など、自分に直接関わる内容に対して、非常に敏感に反応するのだそうだ。だからこそ、楽天の事例についても、社長の立場よりも、「英語が苦手な社員」の立場でコメントするのだろう。

こうした傾向を受けて、ハーバードでは、「企業の社会的目的」や「ダイバーシティとインクルージョン」を教える科目が急増している。

最も代表的なのが、2023年に新設された必修科目「企業の社会的目的」（現・「企業の存在目的」）だ。この授業では、オランダの東インド会社から最先端の環境スタートアップ企業まで、多様な事例を取り上げ、企業は何のために存在するのか、利益と社会貢献は両立するのか、といったテーマをもとに議論していく。

オムロン京都太陽が教員の視察先に選ばれたのは、経営学の世界における最先端のテーマを学ぶのに最適な企業だったからだろう。

インタビュー⑤　カール・ケスター名誉教授　W. Carl Kester

地方のローカル企業にこそ、革新性がある

2024年6月に日本で実施された教員の研修旅行で、幹事の一人を務めたのがカール・ケスター名誉教授だ。

幹事団が訪問先を決定するのにこだわったのが、都心の大企業だけではなく中小企業や地方企業を多く訪問することだった。なぜなら、これらの企業の中には、今後、日本経済の成長に大きく貢献しそうな企業がたくさんあることを教員たちに伝えたかったからだ。今回、京都訪問に多くの時間が割かれた理由もここにある。

2024年6月21日に訪問したオムロン京都太陽でケスター名誉教授が強く感じたのは、同社の革新性だった。日本企業の「ダイバーシティとインクルージョン」施策は遅れていると言われているが、どういうところが先進的だったのだろうか。知日派のケスター名誉教授が説き明かす。

（2024年10月1日　インタビュー）

中小×地方×社会的パーパス

――２０２４年６月に実施された日本への研修旅行で、教員一行は13の企業を訪問しました。その中の１社がオムロングループ（以下、オムロン）の障がい者雇用推進企業、オムロン京都太陽です。なぜこの会社を視察先に選んだのでしょうか。

オムロン京都太陽を選んだ理由は主に２つあります。１つは、製造業の会社であること。私たち幹事は、日本のコア産業である製造業の現場を教員たちにぜひ見学してほしいと思い、少なくとも１社はメーカーを訪問先リストに組み込みたいと考えていました。オムロンは日本を代表する製造業の会社ですから、視察先としてぴったりだと思いました。

もう１つは、社会的なパーパスを明確に掲げていること。近年、ハーバード大学経営大学院では、「企業の社会的目的」について授業で教えている教員が増えてきています。オムロン京都太陽は、さまざまな障がいがある人たちを雇用し、その能力を生産現場で生かしている企業であることから、教員たちにとっても学び多き企業であると思いました。

――教員たちはどのような点に関心を示していましたか。

私自身も他の教員たちも何より驚いたのは、障がいのある社員一人一人の特性にあわせて、生産治具、補助具、半自動機などをカスタマイズしていたことです。なんと革新的な取り組みかと思いました。

オムロン京都太陽の工場では、足の不自由な人、耳の不自由な人、発達障害のある人など、さまざまな障がいを有する人たちが働いています。こうした社員たちに現場で能力を最大限に発揮してもらうには、会社側は一人一人と向き合い、どのようなサポートを必要としているかを考えていかなければなりません。これは並大抵の努力ではできません。

私も一度、障がい者が働いている工場を視察したことがありますが、そこでは車いすが必要な社員数人が働いていただけでした。このような異なるタイプの障がいがある人たちを一挙に受け入れている会社はこれまで見たことがありません。

――なぜ、オムロン京都太陽は、長年、世界的にも類を見ない社会的ビジネスを続

けてこられたと思いますか。

多くの教員が関心を持っていたのもまさにその点でした。なぜこのような社会的ビジネスを40年近く継続できているのか。

それは、やはり、オムロン京都太陽の社員も役員も一丸となって、オムロンと太陽の家の企業理念を実現するために、全力を注いできたからだと思います。

また、「全ての問題は解決できる」と考える日本企業の良き改善文化を守り続けてきたことも、ビジネスを継続できた要因の1つではないでしょうか。「私たちの技術と創意をもってすれば、あらゆる障がいのある人たちが活躍できるような職場をつくることができるのだ」という自負があったからこそ、このような生産現場を実現することができたのだと思います。

――オムロンにとって、特例子会社のオムロン京都太陽を傘下に持っていることには、どのようなメリットがあると思いますか。

オムロンは創業以来、「企業は社会の公器である」という考えに基づき、事業を通じてよりよい社会づくりに貢献することを使命としてきた企業です。オムロンは

「ソーシャルニーズの創造」「絶えざるチャレンジ」「人間性の尊重」をバリューとして掲げていますが、このうちのソーシャルニーズには、もちろん障がい者のニーズも含まれています。オムロンの社員にとって、障がい者と健常者がともに活躍できる場をつくることは、まさにこの3つの価値を忠実に実現していることにほかならないのです。

正直にいえば、オムロン京都太陽の売上・利益が、オムロン全体の業績に与える影響は微々たるものだと思います。しかしながら、この会社をグループ会社として持っているということ自体が、オムロンが「企業は社会の公器である」というミッションを実現しているという生きた証拠になるのです。オムロンにとってはかけがえのない大切な意味を持つ会社だと思います。

――アメリカではパンデミックの最中にリモートワークが普及したことから、現在、多くの障がい者が自宅からオンラインで働いています。この時代に障がいがある社員に工場まで通勤してもらい、生産現場で働いてもらうというのは、時代遅れではないかという指摘についてはどう思いますか。

確かにオンラインで大半の仕事ができてしまう現代において、「別の形で能力を発揮してもらうこともできるのでは」という意見もあるかもしれません。

また、リモートワークの普及が障がいのある人たちにさまざまな就労機会を開いたのは言うまでもありません。ただ、だからといってソケットやセンサーを生産する仕事をしてもらう必要はない、ということにはならないと思います。

異なるタイプの障がいがある社員が、１つの工場に集まり、顔を合わせながら、仕事をしたり、雑談をしたりする。あるいは社員寮でともに暮らしたりする――これはすなわち、コミュニティに参画することであり、一人でリモートワークをするのとは違った成長機会が得られると思います。

先ほども申し上げましたが、ハーバードでは多くの教員が「企業の社会的目的」に興味を持っており、この研究はまさに時代の主流となりつつあります。こうした中、オムロン京都太陽の仕事のスタイルそのものは、昔ながらの様式に見えるかもしれませんが、その価値観や考え方は時代遅れどころか、むしろ、時代の最先端を行っていると思います。

――研修旅行の幹事の一人を務められたケスター名誉教授としては、今後、教員の皆さんにどのように研修の成果を生かしてほしいと思いますか。

今回の日本研修のいちばんの目的は、教員たちに最新の日本経済の状況をより深く知ってもらい、研究対象として興味を持ってもらうことです。これを機に多くの教員が日本の事例を取り上げた教材や論文を執筆し、ハーバードにおける日本研究がますます盛んになることを願っています。

私たち幹事が教員たちに研修を通じて何よりも伝えたかったのは、日本経済は活力を取り戻し、再び成長しつつあるということ。あえて今回の研修にタイトルをつけるとするならば「蘇った日本の姿をその目で見よ！」になると思います。

長期停滞に苦しんでいた日本経済に、ようやく復活の兆しが見えてきています。大企業だけではなく、スタートアップ企業や中小企業も力強い成長を見せています。私が特に成長の可能性を感じるのは、地方のローカル企業や全国の中小企業。こうした企業には、今後、世界市場で成長する可能性のあるビジネスが潜んでいると思います。

第５章

リスク管理と
コーポレートガバナンス

日産の危機管理能力とホンダとの経営統合計画

２０２４年12月23日、本田技研工業（以下、ホンダ）と日産自動車は基本合意書を締結し、経営統合に向けた本格的な協議に入ると発表した。その目的は、経営の効率化や、先進技術の開発などだ。２０２６年８月に持ち株会社の上場をめざしているとのことだった。

この経営統合計画の背景にあったのは、日産の業績悪化だった。ところが一転、この計画は破談になる。

２０２５年２月13日、ホンダと日産は経営統合に向けた協議を打ち切ると正式に発表した。破談の決定打となったのはホンダから日産への完全子会社化の提案だった。当初は持ち株会社を設立し、それぞれが傘下に入ることを検討したが、ホンダ側が両社の統合が遅々として進まなくなることに危機感を抱き、完全子会社化を新たに提案。これが日産側にとっては「ノックアウトファクター」（絶対に譲歩できない条件）になり、協議が打ち切られることとなった。

日産の内田誠社長（当時）は13日、社員向けに発したメッセージで次のように述べたという。

「両社の従業員が出自に関係なく、実力主義に基づき平等かつ公正に評価され、この先、誰がトップに立ったとしても、その精神がしっかりと受け継がれていくことが最も重要だと考えています。しかし、日産がホンダの完全子会社となった場合、その精神は本当に守られるのか、そして、日産が持つポテンシャルを本当に最大限引き出すことができるのか、その点について最後まで確信を持つに至らず、ホンダからの新たな提案を受け入れることはできませんでした[*1]」

この一連のニュースを見ながら、ふと思い出したのが、ハーバード大学経営大学院のアナンス・ラマン教授（Ananth Raman）の「日産の危機管理能力は卓越している」という言葉だった。その要因として考えられるのは、「他の一般的な大企業より深刻な経営危機に陥った回数が多いこと」だという。

「日産の歴史を振り返ってみれば、戦争、自然災害、金融危機など、ありとあらゆる危機を経験していることが分かります。日産ほど瀕死の状態から何度も蘇った企業はないでしょう」とラマン教授は言う。

確かに、1933年の創業以来、いつの時代も日産は「つぶれる」と言われながらも、「つぶれない」会社だった。それは裏を返せば、危機を事前に察知し、未然に回避する能力が高い会社ともいえる。

1998年に経営危機に陥ったときには、仏ルノーとの資本提携によって業績をV字回復させた。ところが2008年度、販売不振により業績が悪化。その後は低迷が続く。16年には三菱自動車工業へ出資することにより、業績を改善させようとしたが、19年度と20年度、再び、最終赤字に転落した。そんな中、24年、新たな起死回生策として浮上したのがホンダとの経営統合計画だった。

このように経営危機に陥るたびに、リストラや他社との提携を繰り返し、危機を乗り切ってきたのが日産なのだ。

今回のホンダとの経営統合計画も、破談も、日産が日産なりの基準で「危機」を認識し、それに対して対応しようとした結果ではないか。最初の経営統合計画は、経済的な危機、ホンダによる子会社化計画は、組織存続の危機だ。今後はこの2つを解決してくれるような提携先を模索していくことになるだろう。

パンデミック下で卓越した復元力を発揮した日産

日産自動車の危機管理の歴史の中で目をひくのが、災害後の復元力の高さだ。

2011年3月、東日本大震災が発生した際、日産はトヨタやホンダよりも深刻な被害を受けた。ところが、震災後、どの自動車メーカーよりも早く生産体制を復活させたのは、日産だった。

さらには2016年4月、熊本地震で自動車部品メーカー、アイシン精機（現・アイシン）が被災した際には、発生後、14分以内に初動対応コアチームが結成され、40人の社員が復旧を手助けするために派遣された。日産のチームは、どこよりも早く現地に入ったため、トヨタやホンダの社員からも復旧作業を主導することを依頼されたという。

復興現場で活用されたのは、自動車メーカーの「大部屋」方式。3つのメーカーの社員たちが大部屋に集まり、それぞれの会社の知識・技術を持ち寄り、壁一面に最新情報などを貼りながら情報を共有し、復興作業を推進していった。

2020年初頭にはじまったパンデミックで、ハーバード大学経営大学院の教員の間で注目されたのが、日本の自動車メーカーの危機管理能力の高さだった。

このとき、最初に教材化されたのも、やはり日産の事例だった。かねてから日産の復元能力に注目していたラマン教授はサプライチェーンの観点から、日産を取材。2021年6月に『日産のパンデミック対応』[*2]を出版した。

『日産のパンデミック対応』に書かれているのは、日産がいかに迅速に危機に対応したかだ。

新型コロナウイルスの感染拡大が始まったとき、日産の全社員の行動のベースとなったのが、「BCP」（事業継続計画）だった。BCPとは、企業が自然災害、大火災、テロ攻撃などの緊急事態に遭遇した場合に、重要な事業を中断させないための方針・体制・手順を示した計画書のこと。企業が持続的に成長していくために不可欠なものだ。

日産は2007年の新潟県中越沖地震で部品の供給が停止したことを契機に、本格的なBCPを策定し、ブラッシュアップを続けてきた。

パンデミック下で、世界各国の工場の操業がストップする中、日産は迅速に部品の供給網や輸送網を切り替え、次々にサプライチェーンを再構築していった。この優れたリスク管理の背景には、練り込まれたＢＣＰと徹底した訓練があったと言われている。

この事例は当時、ＭＢＡプログラムとエグゼクティブプログラムの両方で教えられていたが、ラマン教授によれば、このＢＣＰを高く評価していたのは、エグゼクティブ講座の受講者だったという。

「エグゼクティブ講座にはリスク管理担当役員が多数参加していますが、受講者が口々に指摘していたのは「私たちの会社にもマニュアルはあるけれども、社員はそれを信頼していない」という点です。日産のＢＣＰが優れているのは、軍のマニュアルと同じように社員から信頼され、その有効性が実証されていることです」

なぜ、社員がＢＣＰに従うのかといえば、日産は幾度となくこれをもとに危機を乗り越えてきているので、これに従えば結果が出ることを、社員が身をもって知っているからだという。

さらにこのＢＣＰを実効性のあるものにしているのは、毎年、実施されているシミュレーション訓練。年によっては、５日間かけて行うこともあるほど、本格的なロールプレイ演習だ。しかも、訓練するたびに、改善していくので、どんどんマニュアルの精度が高まっていく。東日本大震災の際も、熊本地震の際も、日産の社員がどのメーカーよりも早く動けたのは、平時に徹底した訓練を行っていたからなのだ。

いかにサプライチェーンを再構築するか

ハーバードの授業では、日産のBCPのどこが優れているのか、危機の際にどのように機能したかを学んだのち、実際にパンデミック下で日産が直面した具体的な事例をもとに、「自分が経営者だったら、どのようにサプライチェーンを再構築するか」を議論する。

事例の舞台は、2020年5月の日産本社。新型コロナウイルス感染拡大の影響で、インドのコンビネーションメーターの生産工場が操業停止に追い込まれたというニュースが経営陣のもとに入ってきた。

授業では、4つのサプライチェーン再構築案をもとに、どれがベストかを議論していく。

ラマン教授によれば、サプライチェーンの再構築にあたって最も重要なのは、「複数の選択肢の中から最適な選択肢を選ぶ」という過程だという。

通常、企業がこうした問題に直面すると、他の選択肢を具体的に考えずに、「何もしないで生産を中断する」といった決断をすることが多い。

なぜなら、先行き不透明なのだから、とりあえず何もしないで事態を静観しようとするのが常だからだ。

一方、日産では、どんなに曖昧な状況であっても、必ず複数のシナリオの中から最適なシナリオを選ぶことになっているのだという。つまり最終的に「何もしない」を決断するにしても、３つ、４つのシナリオを検討した結果、「何もしない」を決断しなければならないのだ。

この教材には、４つのシナリオ別に、再構築に必要な初期投資（ゼロ、４１０万ドル、９３００万ドル、１００万ドル）、それぞれのパーツの生産場所、生産コスト、生産開始可能日、納品日が示してある。

学生たちの意見は様々だ。

最初に４１０万ドル投資してリスクの低い方法を選ぶという人もいれば、多少リスクは高くても初期投資は１００万ドルに抑えたいという人もいる。

共通して多くの学生が指摘するのが、この問題の正解を導き出すには「情報不足」である点だ。たとえばインドの州がいつまで移動制限を実施するのか、何月何日までにロックダウンが解除される確率は何%か。こういった情報がなければ、どのシナリオがベストなのか、計算で導き出すことができない。

ラマン教授は言う。「私が学生たちに伝えたいのは、不確実性の高い状況下で決断しなければならないときは、分かっている情報をもとに複数のシナリオを組み立て、その中からベストなものを選ぶことが大切だということです。そのため、あえて4つの選択肢を提示したのです」

このことを伝えるのに、日産の事例は最適だったということだろう。パンデミックの期間中、この教材は、ハーバードだけではなく、他の経営大学院でもよく使用されていたという。

トヨタ生産方式の驚くべき普遍性

パンデミック下の２０２１年８月、『日産のパンデミック対応』に続き、出版されたのが、トヨタ自動車のアメリカにおける地域貢献活動を取り上げた教材『フェアパーク新型コロナウイルスワクチン大規模接種センター』[*3]だった。

この教材には、アメリカのＮＰＯ法人「トヨタプロダクションシステム・サポートセンター」（ＴＳＳＣ）[*4]が、２０２１年、テキサス州ダラス郡の大規模接種センターのオペレーションを改善したときの事例が書かれている。

２０２１年2月に入り、ダラス郡は大量のワクチンを迅速に接種するために、新たにドライブスルー方式を採用することにした。しかしダラス郡のクレイ・ジェンキンズ郡判事（郡の最高指導者）は自分たちの力だけで立ち上げ、運営するのは難しいと考え、北アメリカで長年、メーカー、公的機関、医療機関などの改善活動を支援してきたＴＳＳＣに助けをもとめた。

ドライブスルー形式の接種センターがフェアパークに設置されたのは2月8日。その翌日、９日の朝、ＴＳＳＣのスタッフが到着したときには、すでに大混乱が生じていた。

ワクチンを注射する担当者は車と車の間を動きまわり、ボランティアは登録情報がデータベースと照合できず、タブレット端末を持って走り回り……。接種を待つ車の列は高速道路上まで続き、列に並んでから接種が終わるまで5時間以上もかかるほどだった。この様子は、地元のニュース番組でも大きく報道され、テキサス州では大問題となっていた。

実際には、TSSCはトヨタ生産方式をもとに、またたく間にこの状況を「カイゼン」してしまうのだが、学生たちは、「自分だったらトヨタ生産方式をつかって、この問題をどのように解決するか」について議論する。

学生たちの考え方を変えるトヨタ生産方式

この事例が教えられたのは、必修授業の「テクノロジーとオペレーションマネジメント」。まず、別の教材を使ってトヨタ生産方式の基本コンセプトを学んだのちに、ワクチン接種センターの事例について議論する。この授業を受けた学生たちが何よりも驚いたのは、「トヨタ生産方式が自動車を製造する以外にも応用できること」だった。

たとえばアメリカ人学生のガビ・マカリ氏（Gabi Makari, Class of 2022）は「トヨタ生産方式（TPS＝Toyota Production System）は、ハーバード大学経営大学院で学んだコンセプトの中で「最もクールなコンセプト」だといっても過言ではありません。製造業出身ではなく、自動車に特別、興味があるわけでもないのに、TPSをこれほど気に入っているのは自分でも面白いなと思います」と話す。

マカリ氏がTPSに感銘を受けた点が3つあるという。

まず1つめが、このコンセプトはメーカーだけではなく、全ての企業に適用できること。ハーバードの授業でも、病院やワクチン接種センターでTPSが活用された事例を学んだが、その普遍性に感心したそうだ。

2つめが、高度に体系化されたシステムであるにもかかわらず、迅速性も兼ね備えていること。通常、手順が厳密にマニュアル化されていると、スピーディーに行動するのが難しくなるものだが、TPSは逆。むしろ、短時間で改善したり結果を出したりするのを後押しするシステムとなっている。

そして3つめが人間性を基本とした生産方式であること。何か異変を察知したらすぐに声を上げ、問題を指摘し、周りの人々に協力を仰ぐ。この繰り返しが強く健全な文化を育むことにつながっている。生産方式が企業文化にまで影響を与えるなんて、思いもしなかったという。

前出のアメリカ人学生のプレストン・スミス氏は、「TPSはオペレーションの授業だけではなく、様々な授業で取り上げられています。先日もCEO（最高経営責任者）の役割について学ぶ授業で、カイゼンの思想を取り入れて、企業変革をしたアメリカ企業の経営者の事例を学びました」と話す。

スミス氏が感銘を受けたのは、TPSが世界中の経営者の思想に影響を与えてきたこと。自身もトヨタの事例から大きなインパクトを受けたそうだ。スミス氏は次のように話す。

「アメリカ企業では、失敗の責任をなすりつけあったり、隠したりしようとする状況をよく目にします。一方、トヨタでは、問題があれば、すぐに報告して、チーム全員で解決することになっています。そのすべての基本になっているのが、失敗した人を名指しで責めずに、お互いを信頼しあう企業文化です。卒業後、この学びを様々な職場で生かしていくつもりです」

ハーバードの学生が必ずTPSを学ぶことになっているのは、それがどの時代にも、どの企業でも通用する普遍的な思想だからだ。

なぜ毎年、東北の被災地で研修するのか

ハーバード大学経営大学院には学生を対象とした日本への研修旅行が2つある。

1つが5月の「ジャパントレック」。学生主催の旅行で、東京、京都、広島などを回り、文化や歴史を学ぶことを主眼としているものだ。

もう1つが選択科目の「フィールド実習：日本」。こちらは単位取得をするための選択科目なので、教員が引率し、日本のイノベーションエコシステムや起業家精神を学ぶことを目的としている。毎年1月に来日し、企業を視察したり、コンサルティングプロジェクトを実施したり、ボランティア活動に従事したりする研修だ。

2024年の「フィールド実習：日本」は、1月8日から17日まで実施された。ハーバード大学経営大学院の学生47人と教員たちが東京、仙台、女川町（宮城県牡鹿郡）、雄《お》勝《がつ》町（宮城県石巻市）を回り、連日、多くの起業家やベンチャーキャピタリストと交流

した。

２０１１年３月の東日本大震災以降、授業の一環として来日する学生たちは必ず、東北の被災地を訪問することになっている。

学生たちが継続して被災地を訪れる目的は２つある。

１つはボランティア活動やプロジェクトなどを通じて、被災地の復興に貢献し続けること。もう１つは、現地の起業家などから東北地方ならではのソーシャルビジネスについて深く学ぶことだ。

仙台では、東北地方を代表する起業家の話を聞き、女川町では町長の講演を聴いた他、町内を視察。雄勝町では２組にわかれ「モリウミアス」と「雄勝ローズファクトリーガーデン」という２つの施設でボランティア活動に参加した。

「モリウミアス」は、雄勝町にあるこどものための複合体験施設。雄勝町の高台に残る古い廃校を改修した建物をベースに、サステナブルに生きる力を育む体験プログラムを提供している。

「モリウミアス」で学生たちは農業用の石灰を撒くなどの活動に従事。循環型農業の土づくりを体験したという。

「雄勝ローズファクトリーガーデン」は、塾講師だった徳水利枝氏が、津波で亡くなった母の供養のために、一輪の花を母の自宅跡に植えたことからはじまった花園。以来、多くの支援者やボランティアが造園活動に協力し、約2000平方メートルの敷地に1000種類の花が咲く大きなガーデンが完成した。

ここで学生たちはオリーブの木を成長させるための肥料を作り、各木の周りに置く作業に従事。想像以上に体力のいる作業だったようで、皆、オペレーションの授業を思い出して、どうやったら効率よく作業ができるか、創意工夫をこらしていたそうだ。

東北の起業家が教えるビジネスの究極の目的

この東北研修で学生に最も強い印象を残したものは何だったのだろうか。

研修に参加した日本人学生、平井光城氏（Mitsushiro Hirai, Class of 2024）は「東日本大震災の被災地の復興に関わった起業家の話が特に心に響いていたようです。「被災地の復興に貢献したい」という一心で人生をかけて起業に挑戦し、東北発のビジネスを立ち上げた人たちの話は、企業の存在目的について深く考えるきっかけになったと思います」と話す。

研修最終日に東京で行われた発表会では、「卒業後はローカルビジネスを創業したいと考えているので、東北の起業家の話はとても参考になった」「障がい者支援ビジネスを創業するために不可欠な起業家精神を学ぶことができた」といった声が相次いだ。

またあるトルコ人学生は「2023年に大地震に見舞われたトルコはいま復興の真っ只中にある。自分には何ができるか、あらためて考えるきっかけとなった」と語った。

平井氏は「学生たちはもちろん日本のハイテク自動販売機や日本食、ホスピタリティにも感銘を受けていましたが、何よりも感動していたのは日本人起業家の高い精神性だったと思います」と振り返る。

今回の研修旅行を引率したラモン・カザダスス＝マサネル教授は「学生たちは、東北での研修を通じて、ビジネスの究極の目的は社会をよりよく変えることであることを強く実感できたのではないでしょうか」と話す。

ハーバードの学生たちが震災から十数年経ってもなお、被災地で研修をするのは、継続的に現地を訪れることにこそ、意味があるからだ。

地震等の大災害が起きると、その直後は、義援金やボランティアが殺到する。ところが1年、2年と年月を経るにつれ、世間の関心は薄れていく。一方、現地の人々による復興に向けた活動は10年、20年と続いていく。

継続的に被災地を訪れ、ボランティア活動に従事する。ビジネスを通じて社会貢献をしたいと考える学生たちにとって、これ以上の学びはないだろう。

日本企業の課題は「コーポレートガバナンス」

ハーバード大学経営大学院の教授陣や学生たちからは、日本企業の災害に対するリスク管理が高く評価される一方で、コーポレートガバナンスについては評価がわかれている。

「コーポレートガバナンス」とは、会社が、株主をはじめ顧客・従業員・地域社会等の立場を踏まえた上で、透明・公正かつ迅速・果断な意思決定を行うための仕組みを意味する。[*5]

元タレントの中居正広氏の女性トラブルに端を発したフジテレビ問題をはじめ、企業の不祥事が起こると、「ガバナンス機能が不全だ」「ガバナンスが働いていない」といった具合に、必ずといっていいほどニュースの中に「ガバナンス」という言葉が出てくる。そのため、日本国内では、「コーポレートガバナンス」＝企業の不祥事を防ぐための仕組みだと理解されている印象があるが、実際の意味合いは若干異なる。

ハーバードで日本企業のコーポレートガバナンスについて研究するチャールズ・ワン教授（Charles C. Y. Wang）は次のように話す。

「日本企業の経営者は「コーポレートガバナンスの要諦はコンプライアンスだ」と考えがちですが、コーポレートガバナンスの究極の目的は価値創造であることを認識してほしいと思います」

つまり、コーポレートガバナンスとは、「効率よく、かつ、持続的に利益を出し続けるための仕組み」と考えたほうがわかりやすいかもしれない。それには不祥事を防止したり、適切に対応したりするだけではなく、ＲＯＥ（株主資本利益率）や資本コストを重視した経営体制をつくることも含まれる。

日本企業のコーポレートガバナンスは、長年、外国人投資家から「改革が必要だ」と指摘され続けてきたが、なかなか改革が進展していないのが実情だ。その理由は、いまだ多くの経営者がコーポレートガバナンスを「必ず改善しなくてはならない問題」としてとらえていないからだという。特に、改善しなくてもいいと思われているのは、収益性なのだそうだ。

ではなぜ日本企業の経営者は「低い利益率・ＲＯＥでも問題ない」と考えてしまうのか。その理由について、ワン教授は次のように解説する。

「最も重要な根本要因は、『会社は誰のものか』について、日本人経営者と欧米人経営者の間で意見が異なることです。一般的に、欧米人の経営者は『会社は株主のものだ』と考えますが、日本人経営者は『会社は社員や事業に直接関わる人々のものだ』と考えます。そうであれば、経営者は、会社を存続させればいい。つまり『赤字さえ出していなければＯＫだ』という結論になります。

次に、日本企業では伝統的に株主以外のステークホルダー（主にメインバンク）が経営の監視・統制を行ってきたため、ＲＯＡ（総資産利益率）やＲＯＥといった資本効率を評価する指標があまり重視されてこなかったことも理由の１つです。そのため経営者はこれらの指標が自分の評価に直結する重要なベンチマークだと認識する機会がなかったのです」

賛否わかれる日本企業の成長性

ハーバードのワン教授の授業では『みさき投資とサンゲツ』[*6]という教材をもとに、日本経済の潜在能力と課題について議論する回がある。その授業の冒頭で、必ず、ワン教授は「皆さんがハーバード大学の寄付基金の運用責任者だったら日本市場に投資しますか」と質問するのだという。

これについて学生たちの意見は大きくわかれる。

「最近はずいぶんとガバナンス改革が進展しているようだから、これからはもっと効率的に利益を出せる体質に変われるのではないか」という学生もいれば、「ガバナンスの問題は日本の商習慣に関わる問題。今後も大きく進展しないだろう」という学生もいる。

ひるがえって日本企業の現状を見てみると、ガバナンス改革が進んでいる企業と、進んでいない企業に大きくわかれていることに気づく。いみじくもフジテレビ問題はこのギャップを顕著に示す事例となっている。ＣＭを差し止めた企業は前者、フジ・メディア・ホールディングスは後者だ。

この問題については、次のインタビューでもう少し詳しくワン教授に解説してもらう。

インタビュー⑥——チャールズ・ワン教授 Charles C.Y. Wang

フジテレビ問題をハーバードの視点から読み解く

元タレントの中居正広氏と女性とのトラブルへの対応が問題視されているフジテレビジョン（以下、フジテレビ）及び、その親会社のフジ・メディア・ホールディングスが、現在、深刻な経営危機に直面している。

フジテレビの2025年3月期の広告収入は1252億円と、従来予想から233億円下回る見通し。親会社のフジ・メディア・ホールディングスも500億円以上の減収見込みだという。

フジテレビはなぜ不祥事対応に失敗してしまったのか。ここからどうすれば再生できるのか。ハーバードでコーポレートガバナンスを研究するチャールズ・ワン教授がフジテレビ問題を徹底検証する。

（2025年2月10日 インタビュー）

日本企業はガバナンス改革のチャンス

――コーポレートガバナンスの専門家として、一連のフジテレビ問題をどのように受け止めていますか。

フジテレビ問題を最初にニュースで知ったとき、それほど驚きませんでした。日本企業には伝統的に「体面を保つ」「階層を重んじ上司に従う」「波風を立てずに沈黙する」といったことが重視される文化がありますから、今回も昔ながらの手法で対応してしまったのだろうと思いました。社内で正式に調査したり、迅速に説明責任を果たしたりすることよりも、できるだけ内密に処理することを優先してしまった結果でしょう。

その一方で、「もしかしたら、この事例は日本企業全体のコーポレートガバナンス改革を推進するチャンスになるのではないか」とも思いました。これほどガバナンスの重要性を知らしめ、なおかつ、世間の注目を集めるケースはありません。この10年間で、日本企業のガバナンスは飛躍的に改善されたとはいえ、いまだ改革が進んでいない企業も多々あります。こうした企業にとって、一連のフジテレビ問題は、企業文化、ガバナンス、リスクマネジメントを変革する良い機会になると思います。

――今回、子会社で発生した1つの事案が、親会社の経営を揺るがすほどの大きな問題に発展しました。その要因は何でしょうか。

まずは、2023年8月、事案について報告を受けたフジテレビの経営陣の初動に問題があったと言わざるをえません。経営陣はコンプライアンス上の重要案件として認識することもなく、調査委員会を立ち上げることもしませんでした。それどころか、本来であれば調査対象となる中居正広氏を、何事もなかったように自局の番組に出演させ続けました。これらの過程はすべて、フジテレビのガバナンスが機能不全に陥っていたことを明確に示しています。

事態を最も悪くしたのは、2025年1月17日の記者会見です。この事案が経営危機にまで発展したのは、フジテレビの経営陣がこの日のメディア対応に失敗してしまったことが大きいと思います。

会見に参加できるメディア数を限定し、終始あいまいな説明を続け、独立性が担保された第三者委員会による調査についても明言しない……。これを見たステークホルダーは「フジテレビの経営陣は説明責任を果たすよりも、事案を隠蔽しようとしているのではないか」という印象を持ったと思います。特にスポンサー企業は「このような会見をするテレビ局に自社のＣＭを流したら、一体、視聴者は自社に対してどんな印象を持つだろうか」と強い懸念を抱いたことでしょう。

多くのスポンサー企業が「当面、このテレビ局とビジネスをしてはいけない」と結論づけ、翌日にＣＭを差し止めたのは、極めて真っ当な判断だと思います。スポンサー企業が、フジテレビ同様、「不祥事を隠蔽するような企業だ」と見られてしまえば、自社のブランドを毀損してしまう恐れがあるからです。

――会見の翌日の1月18日、トヨタ自動車、日本生命保険、明治安田生命保険、ＮＴＴ東日本がＣＭの差し止めを発表しました。この対応についてはどのように評価していますか。

今回の問題で注目すべきは、インターネット上の書き込みや消費者からの反応を見て、すぐに多くのスポンサー企業がＣＭを差し止めたことです。現代は人々の関心や注目の度合いが大きな経済的影響を与える「アテンション・エコノミー」の時代です。ソーシャルメディアや消費者活動によって、企業に対するイメージが急速に悪化してしまうこともあります。特に、今回のような女性の人権侵害に関わる問題は最重要事項として慎重に対応しなくてはなりません。トヨタ自動車や日本生命保険など、モノやサービスを直接消費者に提供する企業が先手を打って迅速にレピュテーションリスクに対応したのは、理にかなった行動です。

——フジテレビの経営陣はこれほど多くの企業がCMを差し止める事態を、想定していなかったと思います。この失敗から、日本の他のメディア企業は何を学ぶべきでしょうか。

繰り返しになりますが、メディア企業は、「アテンション・エコノミー」の中でビジネスを行っていることを自覚すべきです。また放送事業は、人々からそのメディアが信用されてはじめて成り立つビジネスであることも認識すべきでしょう。つまり、世間からの認知やイメージが、売上・利益に直結する業種なのです。

スポンサー企業は、宣伝効果に対してだけではなく、CMを流すメディアへの信用に対してもお金を払っています。その信用が毀損されるような出来事が起これば、CMを差し止めるのは当然のことです。

日本企業の間でガバナンス機能に差がある理由

――CMを差し止めた企業のガバナンスは正常に機能した一方で、フジ・メディア・ホールディングスのガバナンスは正常に機能しませんでした。同じ日本企業でなぜこのような差が生まれたのでしょうか。

その要因は、フジ・メディア・ホールディングスの主要事業が放送事業であることが大きいと思います。

外資規制の対象である放送事業者（放送事業者は放送法と電波法で外国人株主の議決権比率が20％未満に制限されている）は、長年、日本国内の閉鎖的なエコシステムの中でビジネスを行ってきました。大株主の多くはエコシステム内の企業であったため、エコシステムの外にいる外国人投資家からの評価など、気にする必要もなかったのです。

その結果、経営陣は、特にガバナンス変革の必要性を感じることもなく、スポンサー企業、芸能事務所、監督官庁と良好な関係を築くことにひたすら注力していきました。その経営はますます内向的になり、「透明性の高いガバナンスの構築に取り組む」「ステークホルダーに対して説明責任を果たす」よりも、「波風が立たない方法で対処する」ことを良しとする文化が強まっていきました。

一方、トヨタ自動車やホンダなど、長年、競争の激しい世界市場で戦ってきた日本企業は、外国の投資家からの評価や国際水準のガバナンスの構築がいかに自社の成長のために重要かを痛いほど理解しています。この違いがガバナンス機能の差を生んだのです。

――米投資ファンド、ダルトン・インベストメンツは、2025年2月3日付けで、フジ・メディア・ホールディングスに対して3通目の書簡を送り、取締役相談役を務める日枝久氏による独裁体制に対する懸念を示すとともに、日枝氏の辞任を求めました。[*7]

世界の時価総額トップ企業の中には、創業者などによる独裁的な経営体制をとっていることで有名な企業がいくつもあります。フジ・メディア・ホールディングスの独裁体制とこれらのトップ企業の独裁体制との違いは何でしょうか。

まず最初に申し上げたいのは、中央集権型の経営体制そのものが必ずしも問題であるとは限らない、ということです。フェイスブックを運営する米メタ・プラットフォームズやグーグルを運営する米アルファベットでは、創業者兼取締役が経営に大きな影響を及ぼし、トップダウンの経営体制がとられていることで知られています（メタの創業者、マーク・ザッカーバーグ氏は、取締役在任約21年、アルファベットの創業者、ラリー・ペイジ氏とセルゲイ・ブリン氏は、取締役在任約27年）。

ところが、これらの企業の創業者兼取締役は、メディア、アクティビスト、規制当局、独立社外取締役などから、常に厳しく執行状況をチェックされています。すなわち、実質的に意思決定を行っている経営トップが好き勝手できないような仕組みが構築されているのです。

世界有数の投資会社、米バークシャー・ハサウェイもまた中央集権型の経営体制をとっていると言われていますが（バークシャー・ハサウェイのCEO、ウォーレン・バフェット氏はCEO在任約55年）、その一方でCEOが子会社の経営者に大きな裁量権を与えていることでも有名です。つまり、外からは中央集権型に見えても、内部では分散型の意思決定手法がとられているのです。

このように世界のトップ企業では、中央集権型の経営スタイルをとっていても、経営者に対する外部からの監視機能と内部統制機能がしっかりと働いています。

ところがフジ・メディア・ホールディングスでは、長年、外部からも内部からも経営が監視されない仕組みが確立されていました。この仕組みを維持できた要因の1つが、日枝久氏による長期政権です。日枝久氏は、1983年から40年以上、同社の取締役をつとめてきました。これは、創業者や創業家メンバー以外の経営者の在任年数としては、とてつもなく長い期間です。近年、同社の業績は悪化していますが、その主因も、内外からのチェック機能が働かず、文字通りの独裁体制が強化されてしまったことにあるのではないかと思います。

フジテレビは立ち直れるか

――フジ・メディア・ホールディングスが今後、再生していくための鍵は何でしょうか。近年、不祥事から見事に立ち直った企業の事例はありますか。

配車アプリ大手の米ウーバー・テクノロジーズ（以下、ウーバー）はその代表例ではないでしょうか。2017年、ウーバーは、女性社員に対するセクシャルハラスメント、規制当局の担当者にサービスを利用させないようにするソフトの開発、創業者兼CEOのトラビス・カラニック氏の悪行や暴言など、数々のスキャンダルに見舞われました。

この経営危機を脱するために動いたのが、大株主であるベンチャーキャピタルです。まず独立社外取締役の数を増やし、当時CEOだったトラビス・カラニック氏を退任に追い込み、新しいCEOを招き入れました。

ウーバーが信用回復に向けて実践したのが、⑴経営陣の刷新、⑵ガバナンス機能の強化、⑶企業文化の刷新です。新CEOのもと、多様性の重視、規制の遵守、ドライバーの待遇改善など、具体的な施策を打ち出し、ブランドイメージの立て直しを図りました。その結果、同社は少しずつ信頼を取り戻し、業績を大きく改善することができました。

フジ・メディア・ホールディングスとウーバーは業種も創業国も違いますが、信用回復のためにやるべきことは同じだと思います。

いまフジ・メディア・ホールディングスにとって最も重要なのは、自らの過ちを正しく認識し、第三者委員会の調査結果を包み隠さず発表し、全社をあげて変革していくことを、ステークホルダーに示していくことです。また、報道機関、株主、投資家、スポンサー企業などに積極的に情報を開示していくことも必要でしょう。

――フジテレビジョンだけではなく、フジ・メディア・ホールディングスの経営陣を刷新するのも、不可欠だと考えますか。

経営陣を刷新すれば、新たな経営陣が「これからは説明責任を果たします」「しっかり変革します」とステークホルダーに対して強いメッセージを発することができます。新たな経営チームでスタートすることは、世間からの信用を回復するためにも、とても重要なことだと思います。

また経営陣を刷新するだけではなく、独立社外取締役による監視体制を強化することも不可欠です。「1人あるいは数人の経営者が何十年にもわたって独裁できる仕組み」そのものも、変えていかなくてはなりません。

――今回、フジテレビ問題から、他の日本企業は何を学ぶべきでしょうか。

今回のケースから学べる普遍的な教訓が3つあります。

1つめは、リスクを管理する上で、自社のビジネスモデルの本質を理解することがいかに大切かということ。フジテレビの経営陣は、放送事業の売上が、「世間からのイメージ」「メディアとしての信頼とブランド」に大きく左右されること、さらには、一旦、それらを毀損してしまうようなことが起これば、あっという間に業績が悪化することを想定していませんでした。

2つめが、リスクマネジメント体制を常日頃からしっかり構築しておくことが、いかに重要かということ。レピュテーションリスクに適切な対応ができずに、短期間で経営危機に陥ってしまったフジテレビの事例は、他の企業にとっても大きな教訓になります。

3つめが、昔ながらの日本企業の文化を重視すれば、リスクや不祥事に適切に対応できず、結果的に大きな損失を被る恐れがあるということ。グローバル企業のルールでは、「周りに同調する」「上司に逆らわない」「事を荒立てない」といったことと、真逆のことをやらなくてはなりません。もし、自社を守りたい、と思うのであれば、「問題に正面から直面し、透明性をもって解決していくことが、結果として、自社を守るための最良の策となる」と考えてみてはどうでしょうか。

フジ・メディア・ホールディングスおよびフジテレビが復活できるかどうかは、どれだけこの3つの教訓から学び、変革を推進できるかにかかっています。今後、同社がどのように改革を推進していくのか、注目していきたいと思います。

第6章

モラル・リーダーシップ

インタビュー⑦ ジョセフ・バダラッコ教授 Joseph L. Badaracco

ハーバードで「トルーマンと原爆」を教え続ける理由

日本原水爆被害者団体協議会（日本被団協）が2024年度のノーベル平和賞を受賞したことにより、アメリカの大学・大学院の教員の間でも、教育・学習テーマとして、「広島・長崎への原爆投下」を取り上げることへの関心が高まっている。

ハーバード大学経営大学院のジョセフ・バダラッコ教授（Joseph L. Badaracco）は、過去30年以上にわたってトルーマン大統領が原爆投下を決断したことの是非について議論する授業を担当してきた。なぜアメリカの大学院でこれほど長く原爆投下について教え続けているのか。日本被団協のノーベル平和賞受賞は、世界の非核化にどのような影響をもたらすのか。受賞発表から約1か月後、バダラッコ教授に率直な思いを聞いた。

（2024年11月26日 インタビュー）

なぜ今、ノーベル平和賞か

――2024年10月11日、日本原水爆被害者団体協議会（日本被団協）がノーベル平和賞を受賞することが発表されました。受賞の一報を聞いたときは、どのように思いましたか。

受賞の一報を聞いたときは、驚きました。広島・長崎への原爆投下がもたらした惨劇については、あまりにも遠い昔の出来事として、世界の人々の記憶から消えつつあると感じていたからです。アメリカで原爆投下についてのニュースが報道されるなんて、何十年ぶりのことではないでしょうか。だからこそ、第一報を聞いたときは「なぜ今なのか」と驚きを隠せませんでした。

しばらくすると、被団協が2024年になって、ようやくノーベル平和賞を受賞することへの喜びが込み上げてきました。これを機に、原爆投下がもたらした悲劇に再び注目が集まり、若者が関心を寄せてくれるかもしれないと思ったからです。

――アメリカでは「遠い昔の出来事」としてとらえられているとのことですが、バダラッコ教授はハーバード大学経営大学院で長年、トルーマン大統領（当時）による原爆投下をテーマとする授業を担当されてきました。その動機は何でしょうか。

私は、過去30年以上にわたって選択科目「モラルリーダー（人道的リーダー）」でトルーマン大統領が原爆投下を決断したことの是非について議論する授業（「トルーマンと原爆」）を行ってきました。

なぜこれほど長く教えているのかといえば、広島・長崎への原爆投下が人々にもたらした惨劇を忘れてほしくないからです。そのために私ができることといえば、若者たちに教え続けていくことしかありません。

トルーマンが広島・長崎へ原爆を投下するという決断をしたこと――これは人間にとって最も重要な哲学的、かつ、倫理的な問題を投げかけています。いつの時代になっても、ハーバードの学生たちが学ぶべき事例だと考えています。

――ハーバードの選択科目「モラルリーダー」とはどのような講座でしょうか。

「モラルリーダー」はハーバードでもユニークな講座として知られています。なぜなら、ハーバードの通常の授業では、実際の企業の事例を題材に議論しますが、この講座の授業では、文学を題材にディスカッションを展開するからです。

課題図書は『オセロー』『君主論』といった古典から『日の名残り』などの現代文学まで多岐にわたります。これらをもとに「モラルリーダー」とはどのようなものかを学んでいくのです。

この講座の目的は2つあります。1つめは、学生たちが卒業後、現実の世界で倫理的な決断をしなければならないときに手助けとなるような、知識、思想、枠組みを授けること。2つめは、リーダーとしての自分、人間としての自分は倫理的にどのような決断をすべきなのか、を深く考えさせることです。

トルーマンは人道的なリーダーか

――「トルーマンと原爆」の回ではどのようなことを議論するのですか。

「トルーマンと原爆」については「モラルリーダー」の2回目の授業で議論します。

この授業の課題図書は2つ。1つはアメリカ人ジャーナリスト、ジョン・ハーシーが1946年、占領統治下の広島で被爆者の体験を記録した『ヒロシマ』。

もう1つは『ヘンリー・スティムソン回顧録』。この本には、当時、陸軍長官を務めていたスティムソンの視点から、トルーマンとアドバイザーがどのように日本へ原爆を投下することを決断したかが克明に描かれています。

この授業ではまず、「トルーマンは道徳的に正しい決断をしたのか」をテーマに議論しながら、２つの道徳哲学の思想を学びます。

１つは「帰結主義」（功利主義）です。功利主義の提唱者であるジェレミー・ベンサムやジョン・スチュアート・ミルは「最大多数の最大幸福」[*1]を標語として掲げ、ある行為の道徳性・正当性を判断・評価する際には、その行為から生じる帰結（結果）から考えるべきだと主張しました。

もう１つは「義務論」です。義務論の立場をとるイマヌエル・カントは、人間には生まれながらにして人間としての「義務」があり、行為の道徳性・正当性は、その行為がもたらした結果ではなく、行為そのものの価値によって判断されるべきだと主張しました。

「帰結主義」か「義務論」か。この相対する２つの思想のどちらが倫理的に正しいのか。西洋の道徳哲学の歴史の中で繰り返し、論争されてきました。

この２つの思想について深く考えてもらうために通常、私は授業の最初に学生たちに次の質問をします。

「2つの原爆を投下する決断をしたトルーマンは、モラルリーダーといえるか」

これに対して、イエスという学生もいれば、ノーという学生もいます。次にイエスといった何人かの学生に対して、「なぜそう思うのか」と質問します。すると多くの学生たちが「トルーマンは戦争を終結させることによって、アメリカ人だけではなく、日本人の命も救ったから」と答えます。

次にノーといった何人かの学生に対して「これはとても納得のいく説明のように思えますが、ノーといった皆さんはどのように反論しますか」と質問します。すると、たいていの場合、「罪のない一般市民を殺戮《さつりく》したのは人道的な行為とはとうてい認められない」「日本を降伏させるために、2つも原爆を投下したことは倫理にもとる」といった意見があがります。

最初の質問に対して、イエスと答えた学生は「帰結主義」の考え方、ノーと答えた学生は「義務論」の考え方に基づいていることに気づくでしょう。

実は「帰結主義」対「義務論」の論争に終わりがないのと同じように、この議論に正解はありませんし、結論が出ることもありません。イエスであってもノーであっても、いかにこの決断が困難で複雑なものであったかを認識し、自分ならどういう立場にたってどう決断するか、を考えることが重要なのです。

「帰結主義」対「義務論」の議論が展開された後で、学生たちに議論してもらうのは原爆投下の代替策についてです。すなわち「原爆を2つ投下する以外に、戦争を終結させる手段は本当になかったのか」という問題について考えていきます。

——なぜ、あえて原爆投下の代替策について議論するのですか。

なぜなら、私自身がモラルリーダーシップの観点から考えたとき、トルーマンが代替手段を検討しなかったことが最大の失敗だと考えているからです。

戦後、アメリカでは、帰結主義の観点から、「トルーマンは原爆投下によって、戦争を終わらせ、アメリカと同盟国の人々の命を救った。また、さらなる爆撃や封鎖によって奪われていたかもしれない多くの日本人の命をも救った」とその行為が正当化されてきました。

しかし、そんな簡単に片付けていい問題だろうか、本当に代替手段はなかったのか、というのが私の疑問です。

原爆を使用しなくても、一般市民を巻き込まなくても、戦争を終わらせる手段はあったはずです。ところがトルーマンは、原爆投下の是非について倫理的な視点から一切、検討しませんでした。戦争を終結させるために、アメリカ人の犠牲者を増やさないために、最も簡単で早い手段は何かと考え、原爆投下を決断しました。

実際、トルーマンと周りの政府関係者は原爆を単なる〝新しい兵器〟としか見ていませんでした。つまり強力な殺傷能力を備えた最新兵器が完成したのだから、実験も兼ねて、すぐに使ってみなくてはと考え、そのとおり使ってみた、というのが本当のところです。そのプロセスの中で倫理的な問題を投げかける人はいませんでした。この一連の決断プロセスは、トルーマンにも周りのアドバイザーにも、モラルリーダーシップが欠如していたことを如実に物語っています。

授業では毎回、「決断のプロセスそのものに欠陥があった」「決断までの過程で代替案や倫理性を考慮しなかったことが最大の問題だ」といった発言をする学生が必ずいます。

一方で、「帰結主義」の観点からイエスと主張した学生たちの考え方は理解できます。たとえば、多くの国々が「義務論」の立場に立ち、「我が国は人道的な立場から一切戦闘はしない」と宣言してしまえば、世界中に悪徳リーダーがのさばることになるでしょう。なぜなら悪人が支配する国や組織から攻撃されても、反撃できなくなってしまうからです。

この「義務論」の立場を悪用しているのが、イスラム組織ハマスです。罪のない一般市民を誘拐し、人質にして、反撃できなくする。残念ながら、「義務論」が提唱する崇高な平和主義は、邪悪な勢力が存在する世界においては、通用しない、というのが現実なのです。

――代替手段について、学生たちはどのようなコメントをしますか。

まず、代表的な意見として出るのは、「原爆を投下する前に、原爆を落とさないですむ方法を模索するべきだった」というものです。たとえば「原爆という破壊的な兵器を保有していることを日本に明示し、より効果的で、具体的な警告を出すべきだった」といった意見です。これに対しては「日本から単なるプロパガンダだと見なされたり、アメリカは弱腰だと思われたりする恐れがあるから、効果は限定的ではないか」と反論した学生もいました。

次に出るのは、「原爆を投下するにしても、落とす場所を考慮すべきだった」という意見です。過去には「人が住んでいないような場所に原爆を警告として落とし、日本の軍人や科学者にその威力を知らしめ、降伏に持ち込むべきだった。そうすれば日本側も「こんな爆弾をいくつも都市部に落とされれば、勝てる見込みなどない」と考え、降伏したかもしれない」「原爆を日本国内に投下するにしても、ニューメキシコ州の実験場のような場所に投下していたら、あれほど多くの犠牲者を出すことはなかったはずだ。降伏を決断させるにはそれで十分だったのではないか」といった発言をした学生もいました。

これらは原爆投下前の代替手段ですが、中には「こんなに早く2つめの爆弾を長崎に投下する必要はあったのか。8月6日に広島に投下してから、もっと日本側に考える猶予を与えてもよかったのではないか」と「広島への原爆投下後」の代替手段を考えるべきだった、という学生もいました。

こうした議論を通じて、実際には2つの原爆投下以外にも、多くの代替手段があったことに気づいていくのです。

――「トルーマンと原爆」の授業に対する学生からの反応はいかがですか。

学生たちには「モラルリーダー」の最終回に、すべての課題図書を評価してもらうことにしていますが、毎年、『ヒロシマ』は高い点数を得ています。特に強い関心を示すのが、ハーバードの研修旅行で広島の平和記念公園を訪問した学生、高校や大学で日本史を学んだ学生、軍隊の出身者などです。

興味深いのは、それ以外の学生、つまり「原爆投下の惨劇をこの授業ではじめて知った」という学生たちも、高く評価していることです。

かつては、広島・長崎への原爆投下は歴史の年表の中の出来事であり、学生たちが自分ごととして議論するのは難しいのではないかと思い、現代の出来事や事例を取り入れたこともありました。ところが、意外なことに学生たちはそれらにはあまり興味を示さず、むしろ原爆投下についての議論に集中していました。

この30年間、「トルーマンと原爆」がずっと高評価を得てきたのは変わりませんが、変わってきたのは、議論する学生たちのポジションの取り方です。
10年ぐらい前は、最初の私の質問「2つの原爆を投下する決断をしたトルーマンは、モラルリーダーといえるか」に対して、強くノーという学生が多かったのです。特にアジア系の学生は、広島・長崎の被爆者に思いを寄せ、市民の立場からノーと主張していました。一方、近年は、そういう強い意見を言う人が少なくなってきたように思います。
おそらくソーシャルメディアの影響から、「強くノーと言ったり、強くイエスと言ったりすると、他の学生たちから変な目で見られないか」と思い、慎重に発言する学生が増えているからでしょう。

――ハーバードの学生の多くがめざしているのはビジネスリーダーですが、「トルーマンと原爆」で学ぶのは政治的リーダーの決断です。なぜ、このトピックを学ぶことが重要なのでしょうか。

「モラルリーダー」の目的は、リーダー的な立場にある人が、白黒つかないグレーな領域の、難しい決断をしなければならない場面に直面したときに、どのように決断すればよいのかを学ぶことです。
これは大統領などの政治的なリーダーに限らず、企業の経営者やビジネスリーダーも直面する問題です。何よりも私が学生たちに学んでほしいのは、こうした倫理的な問題は「正解のない問題」であること。また問題を解くための「公式」も存在しないこと。だからこそ、代替策を考えたり、複眼的な視点で見たりすることが大切なのです。

現実の世界で倫理的問題に直面したときに、「トルーマンと原爆」の授業を思い出し、「帰結主義」と「義務論」の視点から考えてみるのもよいでしょう。こうした相対する視点から見ることは、自分が最も倫理的だと思う決断をするための最初の一歩となります。

ハーバード大学経営大学院の学生がこの事例を学ぶべきだ、と私が考える理由はもう1つあります。それは、「多くの人々が働き、居住する軍事工場のある都市に原爆を落とすべきだ」とトルーマンに進言したのが、ハーバード大学のジェームス・コナント学長（当時）だったことです。[*2]

ハーバード大学や大学院を卒業した学生たちは、将来、同じような立場に立つ可能性があります。こうした重大な責任を負っていることを自覚してほしいと思います。

トランプ大統領も狙うノーベル平和賞

――モラルリーダーシップの観点から被団協の活動をどのように評価しますか。

2024年にようやく被団協がノーベル平和賞を受賞することになったのは、およそ70年もの間、被爆体験を世界に伝え続けてきたことが評価されたからだと思います。

いわゆる「義務論」の観点から見れば、被爆者や被爆二世の方々は、まさに世界に対してモラルリーダーシップを示してきたと思います。その功績を考えれば、被団協はもっと前にノーベル平和賞を受賞するべきだったと感じています。

では「帰結主義」の観点からはどうか。私自身はどう評価してよいかわからないというのが正直なところです。世界中で紛争が起こり、核兵器の開発が進む中、被団協の活動がどれだけ世界の非核化や平和に影響を与えてきたかを評価するのは難しいと思います。とはいうものの、ノーベル平和賞受賞は、核兵器の非人道性や核廃絶の必要性を訴えるのに絶好の機会です。これを機にさらなるモラルリーダーシップを発揮してもらいたいと願っています。

——被団協のノーベル平和賞受賞は世界の非核化にどのような影響を与えると思いますか。

被団協のノーベル平和賞受賞はアメリカ、ロシア、中国が、より破壊的な核兵器を開発しようとしのぎを削っている現代において、とても重要な意味をもちます。世界の最新の核兵器がどれほどの破壊力を持っているかご存じでしょうか。私はシミュレーションを見たことがありますが、その破壊力は想像を絶するほどです。中には広島・長崎に投下された原爆の何十倍もの威力があるものもあります。

核兵器だけではありません。極超音速ミサイルの開発競争も激化しています。このミサイルは音速の5倍以上の「極超音速」で低い高度を飛ぶミサイルで、迎撃が難しいとされています。

これらの兵器開発にはとてつもない費用がかかっています。世界の兵器開発戦争が続くかぎり、防衛費は増大し続け、「医療・福祉」、「教育」、「交通インフラ」など、人々の生活に欠かせない費用は削られていくばかりでしょう。

――では、トランプ次期大統領（以下、大統領）[*3]にはどのような影響を与えると思いますか。

私の目からは、トランプ大統領は、目の前の利益や自身のメディアプレゼンスには関心があっても、歴史の教訓から学ぶことにはあまり興味を持っていないように見えます。トランプ大統領はテレビのニュースを頻繁にチェックしていますが、被団協のノーベル賞受賞のニュースがどれだけトランプ大統領の興味をひいたか、はなはだ疑問です。

トランプ大統領にとって、歴史は自らの主張を強調するために利用するものではないでしょうか。たとえばトランプ大統領は「歴史上、最も重要な功績だ」「アメリカ政治の歴史において、最高の勝利だ」といった言葉をよく使いますが、メディアからは歴史的な事実を間違って言及することも多々あることが指摘されています。

たとえばアメリカ国内で大きなニュースとなったのは、２０１９年７月４日、独立記念日の祝賀演説で、「アメリカ独立戦争時、大陸軍（アメリカ独立戦争において後にアメリカ合衆国となった13植民地によって編制された軍隊）はイギリス軍から空港を奪還した」と述べたことです。[*4] 飛行機が発明されたのは、1900年代初頭。独立戦争が起きていた1770～80年代に「空港」が存在しないのは明らかです。

トランプ大統領がオバマ元大統領を意識してノーベル平和賞を受賞したいと思っているのは事実だと思います。しかしながら、トランプ大統領が狙っているのはイスラエルとパレスチナの紛争の終結、ウクライナ紛争の終結に貢献することによって平和賞を受賞することであり、核兵器廃絶や非核化にはあまり興味がないと思います。

では、トランプ大統領は核兵器を使用したいと考えているか。私はそのつもりはないように思います。というのも、核兵器の使用は、トランプ大統領に利益をもたらさないからです。むしろ、軍事産業から支援を受けているトランプ大統領にとっては「核抑止」の状態にあるほうが望ましいのです。なぜなら、アメリカの危機を訴え、「防衛」を名目に立てていれば、防衛費をいくらでも増やすことができるからです。そうすれば軍事産業はどんどん潤い、トランプ大統領の支援基盤はますます強固になっていきます。

――超大国アメリカの大統領は、世界平和の実現のために、どのようなモラルリーダーシップを示すべきでしょうか。

世界平和の実現のために喫緊の課題となっているのは、核兵器の安全保護対策、核拡散防止の徹底、核戦争を未然に防ぐためのホットラインの設立です。まずはアメリカの大統領がリーダーシップをとって、これらの課題を解決していくことが必要でしょう。それだけではなく、ここから一歩進んで、核軍縮、核兵器の解体、相互査察を推進していくのも、モラルリーダーの役割です。

歴代のアメリカの大統領の中には世界の非核化に向けて尽力してきたリーダーもいましたが、残念ながらトランプ大統領は逆の方向へと舵を切るでしょう。

私は世界平和の実現のためには、トランプ大統領だけではなく、ロシアのプーチン大統領や中国の習近平国家主席も、モラルリーダーとしての責任を負っていると考えています。米露、米中関係が緊張状態にある中で、モラルリーダーとしてのアメリカ大統領の役目は、少なくともロシアや中国を刺激するようなことはせず、ウクライナ紛争のような軍事衝突が新たに起きないように尽力することでしょう。

――世界で唯一の被爆国、日本は、世界の平和のために何ができるでしょうか。

もし、被爆国としての日本が、アメリカをはじめ、世界の軍事企業への部品・装備品の供給・輸出をストップすることができたら、世界平和実現のための重要なステップとなるでしょうが、これは現実的ではないと考えます。

では何ができるか。まずは核保有国のトップが参加する国際会合などで、日本の政治的リーダーが被爆国の代表として、核兵器がもたらす惨劇について語り続けていくことでしょう。核保有国の人々に核兵器が人類に与える被害の大きさを想像してもらうだけでも大きな意義があります。

また若者への啓蒙活動も大切です。学校の授業だけではなく、ソーシャルメディアや動画などを活用し、いかに原爆が日本の人々に悲劇をもたらしたかをビビッドに伝えていくことが不可欠です。

――今後、「モラルリーダー」の授業では、どのように被団協の活動について、教えていきますか。

それは良い質問ですね。まだ詳しくは決めていませんが、ノーベル平和賞受賞のニュースを皮切りに、被団協の歴史や活動についての記事を読んでもらったり、ビデオを見てもらったりした上で、「モラル・リーダーシップの観点から被爆者の人たちの活動をどう評価するか」という質問をしてみようかと考えています。

被団協をはじめ、こうした歴史的な市民団体を継続していく上での最大の課題は、時間の経過です。創設当時の主要メンバーはどんどん高齢化し、やがて亡くなってしまいます。先ほども申し上げたとおり、どうしたら若い人たちがこの活動に興味を持ち、ひいては、活動に参加してくれるのかを真剣に考えていく必要があります。

私自身は「トルーマンと原爆」をこれからも教え続けていくつもりです。

広島・長崎への原爆投下がもたらした惨劇を風化させてはなりません。ハーバード大学経営大学院の若い学生たちがこの出来事をもとにモラルリーダーシップを学んでくれれば、もしかしたら、このような非人道的な行為が二度と繰り返されない世界を実現できるかもしれません。

被爆者の皆さんが自らの体験を語り続けているように、私も私なりの方法で、アメリカで学ぶ学生たちに原爆の惨劇を伝えていきたいと思います。それが一人のモラルリーダーとして私ができることだと思っています。

おわりに

ハーバード大学経営大学院では、2025年3月現在、経営者育成プログラム「AMP」（アドバンスト・マネジメント・プログラム）が開講中です。

授業料（宿泊費等込）が3か月間で9万4000ドル[*1]（約1400万円）と高額であるにもかかわらず、近年、日本人の受講者が急増しているそうです。派遣元企業は、商社、金融機関、メーカー、シンクタンクなど様々。大企業の管理職・役員だけではなく、中小企業の経営者なども参加しているといいます。

いま、なぜ、日本企業がこぞってハーバードに役員や役員候補者を送り込んでいるのでしょうか。

その背景には、日本企業の間で経営人材の育成が喫緊の課題となっていることがあります。中でもグローバル環境で臆せず、堂々とものを言えるような人材が圧倒的に不足しているのです。

第4章でも述べた通り、第4次産業革命、第5次産業革命が進展する中、優秀な人材の確保と育成は、企業の存亡にも関わること。この課題を解決しようと先見の明のある日本企業は、大小問わず、優秀な役員や役員候補者をどんどんハーバードに送り込んでいるようです。

実際に受講した人たちにインタビューしてみると、「外国企業のエグゼクティブとの差に愕然《がくぜん》とした」「外国企業の役員たちのパワーや発言に圧倒された」といった感想が多く聞かれました。普段、海外で仕事をしている人でさえ、気後れしてしまうほどの迫力なのだといいます。他国からの参加者に比べ、人前で英語で話したり、自分の意見を声高に主張したりすることに慣れていない日本企業の人たちは、教室内で存在感を示すのに苦労しているようです。

では、そんなとき、日本人エグゼクティブはどうすればよいのでしょうか。

ハーバードの教員や日本人卒業生のおすすめは、とにかく堂々と、ゆっくりとした英語で、「日本」の話をすること。特に歴史の話や、文化の話、さらには日本企業独自の知恵や考え方の話をすれば、急に周りの見る目が変わり、尊敬の念で見られるようになります。なぜなら、それらは他国の人たちが思いもよらないようなことだからです。

本書をここまで読んでくださった方なら分かる通り、日本は「歴史と知恵がつまった国」。

私たちが思っている以上に、外国の人たちは日本について知りたがっています。本書が、これから海外を舞台に活躍する人たちや海外で学ぶ人たちの一助となることを願っています。

また、拙著『ハーバードでいちばん人気の国・日本』『ハーバード日本史教室』をはじめとするハーバードシリーズが入試問題や課題図書に採用されたり、教育の現場でも活用されたりしていると聞きました。本書もまた、教員や学生の皆さんが「日本」という国の未来について考えたり、議論したりするきっかけになれば幸いです。

本書の取材に協力してくださった次のハーバード大学経営大学院の教授陣と学生・卒業生の皆様にはあらためて感謝の意をお伝えしたいと思います。

【教員】
Joseph L. Badaracco, Arthur C. Brooks, Ramon Casadesus-Masanell, Lauren H. Cohen, Rohit Deshpande, Carolyn J. Fu, Joseph B. Fuller, Geoffrey G. Jones, W. Carl Kester, Scott Duke Kominers, Tom Nicholas, Ananth Raman, Charles C. Y. Wang, Ashley V. Whillans

【学生・卒業生】
Amy Eginton, Jonathan Franco, Ryota Haga, Mitsushiro Hirai, Swapnil Lad, Gabi Makari, Courtney Montgomery, Shota Nakayama, Kyota Sakamoto, Preston Smith

また、エグゼクティブプログラムの取材にあたっては、ハーバードビジネススクール（エグゼクティブエデュケーション）のダイレクター、宗像佐尭氏、ＡＧＣオートモーティブ・アメリカのヴァイス・プレジデント、松澤宏氏、教員研修の取材に際しては、ハーバードビジネススクール日本リサーチ・センター長、佐藤信雄氏に多大なるご協力を賜りました。

本書の元となった連載の執筆においては、ダイヤモンド社、笠原里穂氏、日刊工業新聞社、鈴木景章氏から、ひとかたならぬご支援を賜りました。厚く感謝申し上げます。
最後に、本書の刊行にご尽力をいただきました中央公論新社、中西恵子氏、小林裕子氏に心より御礼を申し上げます。

2025年3月2日

佐藤智恵

Kominers, Scott Duke, and Akiko Saito. "Spacemarket." HBS No 822-116. Boston: Harvard Business School Publishing, 2022.
Moss, David A., and Eugene Kintgen. "The Dojima Rice Market and the Origins of Futures Trading." HBS No. 709-044. Boston: Harvard Business School Publishing, 2009.
Neeley, Tsedal. "Language and Globalization: 'Englishnization' at Rakuten (A)." HBS No. 412-002. Boston: Harvard Business School Publishing, 2011.
Raman, Ananth, William Schmidt, and Ann Winslow. "Nissan's Response to the COVID-19 Pandemic." HBS No. 621-057. Boston: Harvard Business School Publishing, 2021.
Sasser, W. Earl. "Benihana of Tokyo." HBS No. 673-057. Boston: Harvard Business School Publishing, 1972.
Shih, Willy. "Fair Park Covid-19 Mass Vaccination Site (A)." HBS No. 622-003. Boston: Harvard Business School Publishing, 2021.
Wells, Louis T. "Japan: The Miracle Years." HBS No. 702-014. Boston: Harvard Business School Publishing, 2001.

International Economic Review 54, no. 2 (May 2013): 575-600.
Nicholas, Tom, and Hiroshi Shimizu. "Intermediary Functions and the Market for Innovation in Meiji and Taishō Japan." (pdf) *Business History Review* 87, no. 1 (Spring 2013): 121-149.

●ケース

Bernstein, Ethan, and Ryan W. Buell. "Trouble at Tessei." HBS No. 615-044. Boston: Harvard Business School Publishing, 2015.
Casadesus-Masanell, Ramon, and Akiko Saito. "IBJ, Inc. (A): Seeking Matrimony in Japan." HBS No. 724-356. Boston: Harvard Business School Publishing, 2023.
Casadesus-Masanell, Ramon, and Akiko Saito. "Don Quijote." HBS No.723-393. Boston: Harvard Business School Publishing, 2022.
Casadesus-Masanell, Ramon, Nobuo Sato, and Akiko Kanno. "Net Protections (A)." HBS No. 724-395. Boston: Harvard Business School Publishing, 2024.
Cohen, Lauren, and Akiko Kanno. "Toraya." HBS No. 222-068. Boston: Harvard Business School Publishing, 2022.
Deshpandé, Rohit, Nobuo Sato, and Akiko Kanno. "Grand Seiko—The Sleeping Lion," HBS No. 525-035. Boston: Harvard Business School Publishing, 2024.
Fibiger, Mattias, and Soichiro Chiba. "Japan: Land of the Setting Sun?" HBS No. 721-007. Boston: Harvard Business School Publishing, 2021.
Fuller, Joseph B., Koji Everard, and Naoko Jinjo. "Demographic Changes for the Future of Work in Japan." HBS No. 319-113. Boston: Harvard Business School Publishing, 2019.
Gow, Ian, Charles C.Y. Wang, Naoko Jinjo, and Nobuo Sato. "Misaki Capital and Sangetsu Corporation." HBS No. 117-007. Boston: Harvard Business School Publishing, 2016.
Jones, Geoffrey, Masako Egawa, and Mayuka Yamazaki. "Yataro Iwasaki: Founding Mitsubishi (A)." HBS No. 808-158. Boston: Harvard Business School Publishing, 2008.

参考文献

●書籍

佐藤智恵『ハーバードでいちばん人気の国・日本』PHP研究所（PHP新書）、2016年。

高槻泰郎『大坂堂島米市場　江戸幕府vs市場経済』講談社（講談社現代新書）、2018年。

ドラッカー、P・F『断絶の時代―来たるべき知識社会の創造』林雄二郎訳、ダイヤモンド社、1969年。

ハーシー、ジョン『ヒロシマ（増補版・新装版）』石川欣一・谷本清・明田川融訳、法政大学出版局、2014年。

フリデンソン、パトリック／橘川武郎編著『グローバル資本主義の中の渋沢栄一』東洋経済新報社、2014年。

ブルックス、アーサー・C『人生後半の戦略書』木村千里訳、SBクリエイティブ、2023年。

宮本又郎『近世日本の市場経済』有斐閣、1988年。

Brooks, Arthur C. *From Strength to Strength: Finding Success, Happiness, and Deep Purpose in the Second Half of Life*. New York, NY: Portfolio / Penguin, 2022.

García, Héctor, and Francesc Miralles. *IKIGAI: The Japanese Secret to a Long and Happy Life*. Translated by Heather Cleary. New York, NY: Penguin Random House, 2017.

Edmondson, Amy C. *Right Kind of Wrong: The Science of Failing Well*. New York, NY: Simon Acumen, 2025.

●論文

Nicholas, Tom. "The Origins of Japanese Technological Modernization." (pdf) *Explorations in Economic History* 48, no. 2 (April 2011): 272-291.

Nicholas, Tom. "Hybrid Innovation in Meiji, Japan." (pdf)

月１日時点の肩書で表記。

＊４　Suyin Haynes, “President Trump Said Revolutionary War Troops ‘Took Over the Airports’ in His Fourth of July Speech,” *Time*, July 5, 2019,
https://time.com/5620936/donald-trump-revolutionary-war-airports/, accessed March 1, 2025.

●おわりに

＊１　2025年９月７日～11月21日、2026年２月15日～５月１日に開講される「AMP」（アドバンスト・マネジメント・プログラム）の授業料（教材費、宿泊費、一部食事代込）。詳しくは下記、公式ウェブサイト参照。
https://www.exed.hbs.edu/advanced-management-program

HBS No. 622-003 (Boston: Harvard Business School Publishing, 2021).

＊4 1992年、トヨタの経営哲学であるTPS（Toyota Production System＝トヨタ生産方式）の社外への応用を通じて、北米の地域社会に貢献することを目的として設立。2011年、NPO法人化。以来、製造業に加え、公的機関、医療機関、災害復興や被災者支援を行う非営利団体など、300以上の支援先にTPSのノウハウを共有。オペレーション上の課題解決や改善活動の支援に取り組む。

＊5 東京証券取引所「コーポレートガバナンス・コード」、2021年6月11日。

＊6 Ian Gow, Charles C.Y. Wang, Naoko Jinjo and Nobuo Sato, "Misaki Capital and Sangetsu Corporation," HBS No. 117-007 (Boston: Harvard Business School Publishing, 2016).

＊7 Dalton Investments, "Rising Sun Management Sends Letter to Board of Directors of Fuji Media Holdings Requesting the Implementation of Additional Corporate Governance Reforms," February 3, 2025, https://www.daltoninvestments.com/rising-sun-management-sends-letter-to-board-of-directors-of-fuji-media-holdings-requesting-the-implementation-of-additional-corporate-governance-reforms/, accessed March 1, 2025.

●第6章

＊1 最大多数の最大幸福＝the greatest happiness for the greatest number。19世紀、功利主義の原理を、イギリスの哲学者、ジェレミー・ベンサムが体系化して用いた標語。最も多くの人々に最大の幸福をもたらす行為を善とみなす。

＊2 Matt B. Hoisch and Luke W. Xu, "Harvard and the Atomic Bomb," *Harvard Crimson*, March 22, 2018, https://www.thecrimson.com/article/2018/3/22/nuke-scrut/, accessed March 1, 2025.

＊3 2024年11月のインタビュー時は大統領就任前だが、2025年3

2019).
＊2　従属人口指数＝(15歳未満人口＋65歳以上人口)÷(15〜64歳人口)×100
＊3　"Why people over the age of 55 are the new problem generation," *Economist*, January 2, 2025, https://www.economist.com/international/2025/01/02/why-people-over-the-age-of-55-are-the-new-problem-generation, accessed March 1, 2025.
＊4　Arthur C. Brooks, *From Strength to Strength: Finding Success, Happiness, and Deep Purpose in the Second Half of Life* (New York, NY: Portfolio/Penguin, 2022).
＊5　Arthur C. Brooks, *From Strength to Strength: Finding Success, Happiness, and Deep Purpose in the Second Half of Life* (New York, NY: Portfolio/Penguin, 2022), xi-xii.
＊6　Héctor García and Francesc Miralles, *IKIGAI: The Japanese Secret to a Long and Happy Life*, Translated by Heather Cleary (New York, NY: Penguin Random House) 2017.
＊7　Michael Mandel, "Disability and Changes in the Workplace," Progressive Policy Institute, November 21, 2023, https://www.progressivepolicy.org/disability-and-changes-in-the-workplace, accessed March 1, 2025.
＊8　太陽の家の就労者を含むと、従業員数は計180名、うち120名が障がい者。

●第5章

＊1　西園興起・小尾洋貴「歴史的な経営統合　なぜ破談？その先は？」NHKニュース、2025年2月14日。https://www3.nhk.or.jp/news/html/20250214/k10014721121000.html
＊2　Ananth Raman, William Schmidt, and Ann Winslow, "Nissan's Response to the COVID-19 Pandemic," HBS No. 621-057 (Boston: Harvard Business School Publishing, 2021).
＊3　Willy Shih, "Fair Park Covid-19 Mass Vaccination Site (A),"

＊9 Laura He, “Tesla's China deliveries account for more than half of global sales,” CNN, July 5, 2023, https://edition.cnn.com/2023/07/05/business/tesla-china-sales-surge-intl-hnk/index.html, accessed March 1, 2025.

＊10 家祖が住友政友、業祖は蘇我理右衛門（1572－1636）。

＊11 1868年の人口は森田優三『人口増加の分析』日本評論社、1940年、1970年の人口は、総務省統計局「国勢調査報告」を参照。

＊12 Ramon Casadesus-Masanell, Nobuo Sato, and Akiko Kanno, “Net Protections (A),” HBS No. 724-395 (Boston: Harvard Business School Publishing, 2024).

＊13 Ramon Casadesus-Masanell and Akiko Saito, “IBJ, Inc. (A): Seeking Matrimony in Japan,” HBS No. 724-356 (Boston: Harvard Business School Publishing, 2023).

＊14 Scott Duke Kominers and Akiko Saito, “Spacemarket,” HBS No. 822-116 (Boston: Harvard Business School Publishing, 2022).

＊15 “Record 435,000 robots now working in Japan's factories,” press release, September 24, 2024, on International Federation of Robotics Website, https://ifr.org/downloads/press2018/2024-SEP-24_IFR_press_release_World_Robotics_2024_-_Japan.pdf, accessed March 1, 2025.

＊16 Scott Martin,“Top 5 Robots of 2022: Watch Them Change the World,” NVIDIA, December 21, 2022, https://blogs.nvidia.com/blog/top-5-robots/, accessed March 1, 2025.

●第４章

＊1 Joseph B. Fuller, Koji Everard, and Naoko Jinjo, “Demographic Changes for the Future of Work in Japan,” HBS No. 319-113 (Boston: Harvard Business School Publishing,

『DIAMONDハーバード・ビジネス・レビュー』2011年10月号、97ページ。

＊11 サントリーホールディングス公式ウェブサイトによれば「響40年」は400万円、「山崎55年」は300万円。

＊12 オートクチュール１着の値段は数百万円から数千万円。

●第３章

＊１ Geoffrey Jones, Masako Egawa and Mayuka Yamazaki, "Yataro Iwasaki: Founding Mitsubishi (A)," HBS No. 808-158 (Boston: Harvard Business School Publishing, 2008).

＊２ P・F・ドラッカー『断絶の時代―来たるべき知識社会の構想』林雄二郎訳、ダイヤモンド社、1969年、158ページ。

＊３ 同上、159ページ。

＊４ Amy C. Edmondson, *Right Kind of Wrong: The Science of Failing Well* (New York, NY: Simon Acumen, 2025), pp. 109-110.

＊５ トヨタ自動車「トヨタ自動車75年史」。
https://www.toyota.co.jp/jpn/company/history/75years/text/taking_on_the_automotive_business/chapter1/section1/item4.html

＊６ 異常が発生したら、即時に関係者が知ることができるようにするための電光表示盤。機械が異常などで停止した時に自動的に「赤」が点灯する。
トヨタ自動車「トヨタ生産方式　詳細解説」https://www.toyota.co.jp/jpn/company/history/75years/data/automotive_business/production/system/explanation03.html

＊７ Tom Nicholas, "Hybrid Innovation in Meiji, Japan," (pdf) *International Economic Review* 54, no. 2 (May 2013): 575-600.

＊８ Tom Nicholas and Hiroshi Shimizu, "Intermediary Functions and the Market for Innovation in Meiji and Taishō Japan," (pdf) *Business History Review* 87, no. 1 (Spring 2013): 121-149.

documents/2023-10/NBI-2023-PRESS-RELEASE-FINAL.pdf, accessed March 1, 2025.

＊2 VisitBritain Research, "How the world views the UK Anholt Nation Brands Index 2024" (PDF File), downloaded from the website for VisitBritain/VisitEngland - the national tourism agency,
https://www.visitbritain.org/research-insights/uks-image-overseas, accessed March 1, 2025.

＊3 U.S. News & World Report, "U.S. News Best Countries,"
https://www.usnews.com/news/best-countries/rankings, accessed March 1, 2025.

＊4 Future Brand, "Future Brand Country Index 2020" (PDF File), downloaded from Future Brand website,
https://www.futurebrand.com/uploads/Reports/Country-Index-2020/FutureBrand-Country-Index-2020.pdf, accessed March 1, 2025.

＊5 Ramon Casadesus-Masanell and Akiko Saito, "Don Quijote," HBS No. 723-393 (Boston: Harvard Business School Publishing, 2022).

＊6 「2024年度日本酒輸出実績は金額・数量共に前年度越え、輸出額434.7億円（昨対比：105.8%）／輸出量3.1万kℓ（昨対比：106.4%）」日本酒造組合中央会プレスリリース、2025年2月7日。
https://japansakepr.com/archives/press_release/20250207/

＊7 David A. Moss and Eugene Kintgen, "The Dojima Rice Market and the Origins of Futures Trading," HBS No. 709-044 (Boston: Harvard Business School Publishing, 2009).

＊8 高槻泰郎『大坂堂島米市場　江戸幕府 vs 市場経済』講談社（講談社現代新書）、2018年、51〜53ページ。

＊9 Rohit Deshpandé, Nobuo Sato, and Akiko Kanno, "Grand Seiko—The Sleeping Lion," HBS No. 525-035 (Boston: Harvard Business School Publishing, 2024).

＊10 ロヒト・デシュパンデ「新興国企業のブランド構築」

注

●序　章

＊1　W. Earl Sasser, "Benihana of Tokyo," HBS No. 673-057 (Boston: Harvard Business School Publishing, 1972).

＊2　Mattias Fibiger and Soichiro Chiba, "Japan: Land of the Setting Sun?," HBS No. 721-007 (Boston: Harvard Business School Publishing, 2021).

＊3　Louis T. Wells, "Japan: The Miracle Years," HBS No. 702-014 (Boston: Harvard Business School Publishing, 2001).

●第1章

＊1　Geoffrey Jones, Masako Egawa and Mayuka Yamazaki, "Yataro Iwasaki: Founding Mitsubishi (A)," HBS No. 808-158 (Boston: Harvard Business School Publishing, 2008).

＊2　David A. Moss and Eugene Kintgen, "The Dojima Rice Market and the Origins of Futures Trading," HBS No. 709-044 (Boston: Harvard Business School Publishing, 2009).

＊3　Lauren Cohen and Akiko Kanno, "Toraya," HBS No. 222-068 (Boston: Harvard Business School Publishing, 2022).

＊4　ビル・ゲイツ氏が設立したカスケード・インベストメント、ジェフ・ベゾス氏が設立したベゾス・エクスペディションズなどが特に有名。

＊5　京都では2グループにわかれて視察した時間帯があったため、増田徳兵衛商店以降、順不同。

●第2章

＊1　"Nation Brands Index 2023: Japan takes the lead for the first time in NBI history," press release, November 1, 2023, on Ipsos Website,
https://www.ipsos.com/sites/default/files/ct/news/

アナンス・ラマン Ananth Raman
ハーバード大学経営大学院教授。専門はビジネス・ロジスティクス。主な研究領域はサプライチェーンマネジメント及び投資家の視点から見たオペレーション。同校にてサプライチェーンマネジメント、テクノロジーとオペレーションマネジメント、サービスオペレーション関連の講座を教える。

チャールズ・C・Y・ワン Charles C. Y. Wang
ハーバード大学経営大学院教授。専門はコーポレートガバナンス、戦略的財務分析、バリュエーション。同校にて「財務報告と内部統制」「ビジネス分析とバリュエーション」等の講座を担当。欧州コーポレートガバナンス研究所（ECGI）研究員。

アシュリー・V・ウィランズ Ashley V. Whillans
ハーバード大学経営大学院准教授。専門は行動科学及び社会心理学。主に「時間」と「お金」と「幸福」の関係性について研究。MBAプログラムにて選択科目「モチベーションとインセンティブ」を担当。主著に『TIME SMART お金と時間の科学』。

キャロリン・J・フー Carolyn J. Fu
ハーバード大学経営大学院助教授。専門はイノベーション戦略。主な研究テーマは、企業はいかに「イノベーションエコシステム」との相互作用によって新たな価値を共創できるか。MBA プログラムにて必修科目「企業戦略」を担当。シンガポール出身。

ジョセフ・B・フラー Joseph B. Fuller
ハーバード大学経営大学院教授。専門はゼネラルマネジメント及び起業家精神。米モニターグループ（現・モニターデロイト）共同創業者。同校の「「働き方の未来」研究プロジェクト」及びハーバード大学「労働力研究プロジェクト」共同議長。

ジェフリー・G・ジョーンズ Geoffrey G. Jones
ハーバード大学経営大学院教授。専門は経営史。同校の経営史部門長。MBA プログラムにて「起業家精神とグローバル資本主義」を担当。アメリカにおける渋沢栄一研究の第一人者。主な共著書に『グローバル資本主義の中の渋沢栄一』。

W・カール・ケスター W. Carl Kester
ハーバード大学経営大学院名誉教授。ハーバードビジネススクール日本リサーチ・センターファカルティ・チェア。専門はファイナンス。主な研究領域は、コーポレートファイナンス及びコーポレートガバナンス。日本企業に関するケースを多数執筆。

スコット・デューク・コミナーズ Scott Duke Kominers
ハーバード大学経営大学院教授及びハーバード大学経済学部兼任教授。専門はマッチング理論及びマーケットデザイン。主な研究領域は、現実世界が抱える社会課題を解決するための経済分析。同校にて「マーケットの創造」「Web 3 ビジネスの構築」等の講座を担当。

トム・ニコラス Tom Nicholas
ハーバード大学経営大学院教授。専門は起業家精神の歴史、金融史、イノベーション史。MBA プログラムにて選択科目「経営者資本主義の歴史」を担当。主著に『ベンチャーキャピタル全史』。明治・大正時代のイノベーションについても研究。

ハーバード大学経営大学院　教員略歴

ジョセフ・L・バダラッコ Joseph L. Badaracco
ハーバード大学経営大学院教授。専門は企業倫理。同校にて企業倫理、経営戦略、マネジメント関連の講座を担当。リーダーシップ、経営理念、倫理をテーマとした講演多数。主著に『ハーバード流　マネジメント講座 ひるまないリーダー』『静かなリーダーシップ』。

アーサー・C・ブルックス Arthur C. Brooks
ハーバード大学経営大学院教授及びハーバード大学ケネディ行政大学院教授。アメリカンエンタープライズ研究所（AEI）前所長。専門はパブリック・リーダーシップ及び幸福学。同校にて講座「リーダーシップと幸福」を担当。主著に『人生後半の戦略書』。

ラモン・カザダスス＝マサネル Ramon Casadesus-Masanell
ハーバード大学経営大学院教授。同校の企業戦略部門長。専門は経営戦略、経営経済学、産業組織論。同校にて「企業戦略」「ビジネスモデルと競争戦略」等の講座を教える。2022年より日本でのフィールド実習の担当教授。日本企業の事例をとりあげたケースを多数執筆。

ローレン・H・コーエン Lauren H. Cohen
ハーバード大学経営大学院教授。全米経済研究所研究員。専門はファイナンス。同校にて「ファミリーオフィス・ウェルスマネジメント」等の講座を担当。イノベーション政策、インパクト投資、ファミリーオフィスマネジメント等の専門家として各国の政府アドバイザーを務める。

ロヒト・デシュパンデ Rohit Deshpande
ハーバード大学経営大学院名誉教授。専門はマーケティング。主な研究領域はグローバルブランディング、国際マーケティング、顧客志向マーケティング。マーケティングの世界に「顧客志向」という概念を最初に提唱したことで世界的に知られている。

佐藤智恵　Sato Chie

1970年兵庫県生まれ。1992年東京大学教養学部卒業。2001年コロンビア大学経営大学院修了（MBA）。NHK、ボストンコンサルティンググループなどを経て、12年、作家・コンサルタントとして独立。『ハーバードでいちばん人気の国・日本』（PHP 新書）、『ハーバード日本史教室』（中公新書ラクレ）などベストセラー多数。17～24年日本ユニシス（現・BIPROGY）社外取締役、24年より伊藤忠エネクス、ハピネット社外取締役。

中公新書ラクレ 842

なぜハーバードは虎《とら》屋《や》に学《まな》ぶのか

ハーバード白熱教室《はくねつきょうしつ》の中《なか》の日本《にほん》

2025年５月10日発行

著者……佐藤智恵《さとうちえ》

発行者……安部順一

発行所……中央公論新社
〒100-8152 東京都千代田区大手町 1-7-1
電話……販売 03-5299-1730　編集 03-5299-1870
URL https://www.chuko.co.jp/

本文印刷…三晃印刷　カバー印刷…大熊整美堂　製本…フォーネット社

Published by CHUOKORON-SHINSHA, INC.
Printed in Japan　ISBN978-4-12-150842-3　C1236